주의력결핍을 몰입력으로 바꾸는 지나영의 육아 특훈

산만한 아이를 위한 본질 육아

지나영 지음

21세기북스

프롤로그

산만한 아이, 낙인이 아닌 가능성입니다

"더 이상 이렇게는 못 살겠어!"

옷방에 들어가 소리 죽여 울며 전화기 너머 친구에게 호소했습니다.

결혼한 지 몇 달 되지 않았을 때입니다. 남편이 퇴근해 집에 와서는, 반갑게 맞아주는 저에게는 눈길도 주지 않고 곧장 부엌으로 가더군요. 싱크대 위에 올려져 있던 잼이 묻은 버터 칼을 보더니 버럭 화를 냈습니다.

"이걸 왜 또 여기다 둔 거야. 쓰고 나서 씻어서 넣어놓으라고 몇 번을 말했어? 개미 끓는단 말이야!"

그 말이 끝나기 무섭게 손가락으로 싱크대 표면을 긴 가로줄을 그으며 훑더니, 손가락을 눈앞에 들어 살펴보더라고요. 빵 부스러기가 묻었는지 확인하는 거였어요! 순간 등에 싸늘한 냉기가 흘렀습니다.

'앞으로 내 삶이 계속 이렇게 흘러가는 건가? 매일 밤 남편에게 그날 한 실수에 대해 야단맞으면서?'

ADHD를 가진 사람의 일상

저는 '주의력결핍과잉행동장애'가 있습니다. 영어로는 Attention-deficit hyperactivity disorder라고 하는데, 흔히 ADHD라고 불리죠. ADHD를 갖고 살아가다 보면 늘 뭔가에 쫓기듯 정신없이 헐레벌떡 뛰어다닐 때가 많습니다.

영어로 'a chicken with its head cut off(목 잘린 닭)'이라는 표현이 있습니다. 뇌가 없으니 생각도 없고, 눈이 없으니 보이는 것도 없이, 날개를 사납게 퍼덕거리며 길팡질팡 뛰어다니는 목 잘린 닭의 모습을 상상해보세요. 그게 저의 일상에 대한 상징적인 표현이라고 생각합니다.

자녀가 ADHD가 있으면 부모는 하루하루 걱정과 속상함의 고비를 넘깁니다. 다른 아이들은 다 미끄럼틀을 미끄러져 내려오는데, 이 아이는 계단 쪽으로 뛰어내리다 넘어져 얼굴 반쪽을 갈아서 옵니다.

하루가 멀다 하고 준비물, 책, 숙제 등을 안 챙기고 학교에 가요. 방은 마치 도둑이 들었던 것 같이 쑥대밭이 돼 있고요. 어른들 대화에 불쑥 끼어들어 하고 싶은 말을 하는 성질 급한 아이. 이 아이가 바로 저, 나영이입니다.

아내가 ADHD가 있으면 남편은 어떨까요? 설거지는 반쯤 하다 만 것처럼 널브러져 있고, 외식을 나가면 지갑이나 휴대폰을 두고 오는 게 일상입니다. 이웃이 직장으로 전화해서 집의 차고 문이 종일 열려 있다고 알려줍니다. 요리한답시고 가스 불에 냄비까지 다 태우고, 온 집을 연기로 가득 채워 화재경보가 울린 적이 한두 번이 아닙니다. 이 아내도 바로 저, 지나영입니다.

다시 태어나도 ADHD가 있는 저를 선택하겠습니다

존스홉킨스 정신과에 제가 존경하는 케이 제이미슨(Kay Jamison) 교수가 있습니다. 그는 세계적인 기분 장애 전문가이자, 여러 권의 베스트셀러를 쓴 작가입니다. 제이미슨 교수는 흔히 조울증이라고 알려진 양극성 장애를 심하게 앓았습니다. 환각과 망상에 시달리고 자살 사고도 자주 겪으면서 병원 신세도 여러 번 졌어요.

그의 책 『불안한 마음(An Unquiet Mind)』에 이런 내용이 나옵니다.

"만약 선택할 수 있다면 양극성 장애를 다시 선택할 것인가?"라는 질문을 받았을 때 그는 이렇게 답한답니다.

"만약 치료 약(리튬)이 없었다면 내 대답은 아쉽게도, '아니오'였을 것이다. 하지만 약이 효과적이었기에, 믿기 어렵겠지만, 나는 양극성 장애를 선택할 것 같다."

놀라운 대답이죠? 양극성 장애로 인해 삶을 더 열정적으로 경험할 수 있었기 때문이라고 합니다. 겨울이 있기에 봄이 한없이 더 좋듯이, 죽음에 가까이 가보았기에 삶을 더 귀하게 여길 수 있었다고 해요.

저는 제이미슨 교수의 마음을 또렷하게 이해합니다. 제가 늘 되새기는 것이, 어떤 상황에도 장점과 단점이 공존한다는 것입니다. 선택할 수 있다면, 저도 ADHD를 다시 선택했을 것 같습니다. ADHD가 있었기에, 남들은 조심스럽게 피하는 범위까지 뛰어들어가 폭넓은 삶을 살 수 있었으니까요. 매일 어려움과 씨름하고 있기에, 다른 장애를 가진 사람들을 이해하고 보듬어줄 수 있는 의사가 되었으니까요.

ADHD에 대한 편견과 낙인을 넘어

몇 년 전 한국에서 어느 할아버지가 말하는 걸 들었습니다.

"아니, 의사가 우리 손주더러 ADHD인 것 같다고 하잖아. 우리 손주 앞길 망치려고 하냐고 호통을 치고 왔어!"

한국에서는 ADHD가 있으면 '버릇 없는 아이', '문제아', '앞날이 걱정되는 아이'로 생각되는 것 같습니다. 하지만 ADHD는 아이의 미래를 망치는 것도, 아이를 문제아로 만드는 것도 아닙니다.

ADHD가 있으면서도 높은 성취를 이룬 사람도 많습니다. 세계적 기업가 빌 게이츠, 올림픽 다관왕 마이클 펠프스, 배우 짐 캐리, 모두 ADHD가 있다고 밝힌 사람들입니다. 이들은 ADHD에서 오는 단점을 다 뜯어고쳐서 성공한 것이 아닙니다. 오히려 ADHD의 특성을 잘 이해하고 이를 강점으로 전환해서 그 자리까지 간 것입니다.

다행히도 나영이는 낙인찍히지 않고 '명랑한 개구쟁이'로 어린 시절을 보냈습니다. 이것은 단연 부모님 덕분입니다. 어머니는 "자식은 잘 키우려고 낳는 게 아니다. 자식은 그냥 사랑하려고 낳는 거다"라는 귀한 가르침을 주셨습니다. 어떤 별난 모습이건 저를 조건 없이 사랑해주었습니다. 아버지는 저보다 더 강도 높은 ADHD 증상이 있었기 때문에, 제가 하는 실수를 꾸짖을 여유도 없었을 거예요.

교과서나 숙제를 안 가져가서 선생님께 혼난 일은 허다했지만, 저는 늘 밝았습니다. 내가 부모님께 받는 사랑에는 조건이 없고, '나는 무슨 일이 있어도 사랑받는 아이야'라는 뿌리 깊은 믿음이 있었으니까요.

ADHD가 있는 소아정신과 의사로서 전하는 ADHD의 모든 것

때때로 주변을 힘들게 하는 ADHD는 저와 평생 함께했습니다. 동시에 ADHD는 제가 20여 년간 정신과 의사로서 전문적으로 다뤄온 분야이기도 합니다. 그중 16년은 존스홉킨스 의과대학에서 ADHD를 포함한 발달장애를 치료하고 연구했습니다. 이 책에는 제가 진료했던 아이들의 사례는 물론, ADHD가 있는 저의 경험도 깊이 담았습니다. 전문가이자 당사자로서 이 다채로운 삶을 일인칭 시점으로 풀어낼 수 있다는 강점을 최대한 살렸습니다.

"나는 당신을 만나기 전까지 ADHD가 뭔지 잘 몰랐어."

저에 대해 갖고 있던 '오해'가 수년에 걸쳐 '이해'로 바뀌어가던 어느 날, 남편이 한 말입니다.

이 책에서 제가 무엇보다 중요하게 생각한 점은 ADHD가 있는 아이의 남다른 특성을 뇌과학적으로 이해하는 것입니다. 그 '다름'을 이해하는 데서 이미 반 이상의 갈등과 고뇌가 저절로 해소되기 때문입니다. 아이의 뇌 안에 들어가서 탐험하는 느낌이 들 정도로 생생하게 담되, 복잡한 뇌 기능은 단순화해서 설명했습니다.

부모가 바로 활용할 수 있는 실질적인 훈육 방법들도 담았습니다. 예시는 주로 아동기에 맞추었으니, 청소년에게는 발달 단계를 고려해 응용하기를 바랍니다. 여기 소개된 전략을 모두 실천해야 한다는 부담은 갖지 마세요. 세상에 꼭 해야만 하는 일은 거의 없습니다. 마음을 편안히 가지고, 할 만한 것들을 적절히 실천하면 됩니다.

한 가지 유의할 점은, 이 책은 부모 교육을 목적으로 쓴 것이며 전문가의 진료와 진단을 대신할 수 없다는 것입니다. '우리 아이도 ADHD일까?' 하는 의문이 드는 경우에는 지체하지 말고 전문가에게 상담과 진료를 받고, 정확한 진단과 치료를 받기를 권합니다.

이 땅의 모든 산만한 아이들과 그 부모들이 더 이상 숨어서 울지 않기를 바라며 이 책을 썼습니다. 이 책을 통해 부모들이 '혼자가 아니구나', '희망이 있구나' 하는 위로와 용기를 얻기를, 그리고 아이들이 자신을 부끄러워하거나 미워하지 않고, 희망과 기대로 자신을 보게 되기를 바랍니다.

세상 모든 아이는 (또 어른들도) 자기만의 색깔과 영롱한 빛을 머금은 보석 같은 존재니까요.

모두가 자기만의 빛을 당당히 펼치고
그 빛으로 서로를 따뜻하게 보듬는 세상을 꿈꾸며

— 2025년 가을 미국 버지니아주에서
지나영

차례

프롤로그   산만한 아이, 낙인이 아닌 가능성입니다 • 004

 PART 1   ADHD에 관해 당신이 몰랐던 진실

우리 아이도 ADHD일까? • 017
ADHD 뇌는 다르다 • 029
ADHD의 원인: 유전인가, 환경인가? • 038
ADHD 뇌는 어떻게 작동할까? • 042

 PART 2   뇌과학을 이해하면 해법이 보인다

 실행 기능

쉬운 일도 제대로 못 해요 • 061
본질육아 플러스 어린이 루틴표 • 073
소지품 간수, 정리를 못 하고 어지르기만 해요 • 075
왜 이렇게 시간관념이 없을까요? • 086
조심성이 없어서 조마조마해요 • 094
본질육아 플러스 보상 시스템 • 110

 **주의 조절**

왜 이렇게 산만할까요? • 113
왜 이렇게 정신이 없을까요? • 122
왜 늘 삼천포로 빠질까요? • 131

 **각성 조절**

너무 게을러서 걱정이에요 • 141
몸에 모터가 달린 것 같아요 • 147

 **보상 처리**

관심 없는 일은 손도 안 대요 • 161

PART 3 ADHD 진단 후 어떻게 치료할까?

ADHD를 진단받고 먼저 할 일 • 187
비약물치료는 어떤 것인가? • 192
본질육아 플러스 ADHD 아이를 키우는 데 도움이 되는 자료들 • 196
약물치료, 꼭 알아야 할 것들 • 198

PART 4 산만한 아이, 가능성을 키우는 법

아이의 잠재력을 깨워라 · 223
산만한 아이의 자존감 지키기 · 232
산만한 아이를 위한 상황별 훈육법 · 242
본질육아 플러스 훈육의 기본 원칙 · 261

 PART 5 부모도 돌봄이 필요하다

산만한 아이를 키운다는 것 · 265

에필로그 모든 아이가 빛날 수 있도록 · 273

PART 1

ADHD에 관해
당신이 몰랐던 진실

우리 아이도 ADHD일까?

요즘 ADHD에 대해 많이 알려지면서, 부모들이 '혹시, 우리 아이도?' 라는 생각을 하는 경우가 많습니다. 먼저 ADHD가 무엇인지에 대해 정확히 알아보겠습니다.

'주의력결핍과잉행동장애'이라는 진단명 속에 ADHD의 두 가지 증상군이 담겨 있습니다. 첫째는 주의력결핍이고, 둘째는 과잉행동 및 충동성이죠. 과잉행동과 충동성을 나누어 3가지로 분류하기도 합니다. 다시 말해, ADHD는 주의 조절, 행동 조절, 충동 조절의 어려움으로 인한 다양한 증상을 보이는 장애입니다.

이러한 ADHD 증상은 뇌 발달 과정에서 나타나는 차이에서 비롯됩니다. 따라서 전 세계적으로 사용되는 정신과 진단 기준인 '정신질환 진단 및 통계 편람(DSM)-5'와 '국제질병분류(ICD)-11'에는 ADHD가 '신경발달장애'로 분류되어 있습니다.

ADHD의 의학적 진단 기준

대한소아청소년정신의학회(KACAP)에서는 DSM-5를 근거로 다음과 같은 진단 기준을 따릅니다. 이 진단 기준에는 부주의 증상 9가지와 과잉행동-충동성 증상 9가지, 총 18가지 증상이 명시되어 있습니다. 이탤릭체로 된 부분은 이해를 돕기 위해 제가 추가한 부분입니다. ADHD 진단은 전문가의 상담과 진료를 통해 공식적인 진단 기준에 부합하는 경우 내려집니다.

    (주의! 다음 진단 기준은 자가진단용이 아니고 교육용으로만 제시된 것이며, 전문가의 진료와 진단을 대신할 수 없습니다.)

 ADHD 진단 기준

기능 또는 발달을 저해하는 지속적인 부주의 그리고/또는 과잉행동 및 충동성 증상이 있다. 발달 수준에 부적합한 증상들이 6개월 이상 지속된다.

예를 들어, 6세 아이가 20분 동안 가만히 앉아 있지 못하면 발달 수준에 부적합한 것이 아니나, 10세 아이라면 부적합할 수 있습니다.

주의점: 이러한 증상은 단지 반항적 행동, 적대감 때문이거나, 단순히 과제나 지시를 이해하지 못해서 그런 것이 아니어야 한다. 다음 진단 기준에서 9가지 중 6가지를 충족해야 하는데, 17세 이상의 후기 청소년이나 성인의 경우에는 5가지 이상의 증상을 충족해야 한다.

A. 증상 기준
1. 부주의 증상
다음 9개 증상 가운데 6개 이상이 적어도 6개월 동안, 발달 수준에 적합하지 않고 사회적, 학업적/직업적 활동에 직접적으로 부정적인 영향을 미칠 정도로 지속됨

① 세부사항을 놓치고 부주의로 실수를 자주 함☐
    예) 시험 문제를 제대로 읽지 않거나 잘못 답하는 실수를 반복함
② 과제나 놀이에서 수준히 집중하지 못함☐
    예) 색칠 공부를 하다 끝내지 않고 다른 것으로 넘어감
③ 직접 말을 걸어도 잘 듣지 않는 것처럼 보임☐
    예) TV를 보고 있을 때, 이름을 불러도 반응이 없음
④ 지시를 끝까지 수행하지 못하고 종종 중간에 잊어버림☐
    예) 숙제를 다 해놓고 책가방에 넣는 것을 잊어버려 제출하지 못함
⑤ 과제나 활동을 체계적으로 계획하고 조직하는 데 어려움이 있음☐

예) 준비물을 미리 챙기거나 해야 할 일을 계획하는 것이 어려움
⑥ 지속적으로 주의를 집중하는 것이 요구되는 일이나 활동을 피하거나 싫어함☐
예) 많은 문제를 오랫동안 집중해서 풀어야 한다고 생각되면 시작도 하지 않으려고 함
⑦ 일상생활에서 필요한 물건을 자주 잃어버림☐
예) 연필, 공책 같은 학용품이나 우산, 체육복 등을 자주 분실함
⑧ 외부 자극에 쉽게 산만해짐☐
예) 수업 중 창밖의 새 소리에 정신이 팔려 수업에 집중 못함
⑨ 일상생활에서 건망증이 심함☐
예) 약속, 숙제, 준비물 등이 있다는 것을 잊어버림

2. 과잉행동 및 충동성 증상

다음 9개 증상 가운데 6개 이상이 적어도 6개월 동안, 발달 수준에 적합하지 않고 사회적, 학업적/직업적 활동에 직접적으로 부정적인 영향을 미칠 정도로 지속됨

① 손발을 자주 꼼지락거리거나 가만히 앉아 있지 못하고 몸을 자주 움직임☐
② 자리를 지키고 가만히 앉아 있어야 하는 상황에서 자리를 자꾸 벗어남☐
예) 수업시간에 자기 자리에서 일어나 돌아다님
③ 부적절한 상황에서 뛰어다니거나 지나치게 활동적임☐
예) 도서관에서 소리를 내며 뛰어다님
④ 여가 활동이나 놀이를 조용하게 하지 못함☐
예) 놀이터에서 다른 아이에 비해 지나치게 요란하거나 시끄러움
⑤ 부산하고 바쁘며, 마치 모터라도 달린 듯이 계속 움직임☐

⑥ 말을 지나치게 많이 함☐
⑦ 질문이 끝나기 전에 성급하게 대답함☐
⑧ 차례를 기다리는 것이 힘들고 어려움☐
⑨ 타인의 활동을 방해하거나 간섭함☐
  예) 엄마가 전화를 하고 있는데 말을 걸거나, 다른 아이들 놀이에 갑자기 끼어들어 자기 방식으로 놀자고 함

B. 증상 시작 연령
몇 가지 부주의 또는 과잉행동 및 충동성 증상이 12세 이전부터 나타나야 함

C. 환경
몇 가지의 부주의 또는 과잉행동 및 충동성 증상이 두 군데 이상의 환경에서 관찰됨
  예) 증상이 가정, 학교나 직장, 친구 관계 등에서 두루 나타남

D. 기능적 어려움
증상이 학업, 사회관계, 직업 수행 등에 명백한 어려움을 초래함

E. 감별 진단
증상이 조현병, 기분 장애(우울증, 양극성 장애), 불안 장애 등 다른 정신과적 장애 또는 신경학적 질환(간질, 뇌 손상), 약물 부작용 등으로 완전히 설명되지 않아야 함

DSM-5 진단 기준에서, 부주의 증상은 6가지(17세 이상에서는 5가지) 이상 충족하는데 과잉행동 및 충동성 증상은 6가지 미만 충족하는 경우를 ADHD '주의력결핍 우세형'이라고 합니다. 1980년대에는 이런 경우를 '주의력결핍장애(Attention deficit disorder, ADD)'로 진단했었는데요. 현재는 ADD를 따로 진단명으로 사용하지 않습니다.

반대로, 과잉행동 및 충동성 증상은 6가지 이상 충족하는데 부주의 증상은 6가지 미만으로 충족하는 경우에는 '과잉행동-충동성 우세형'이라고 합니다. 그리고 양쪽 모두 6가지 이상, 즉 총 12가지 이상 증상이 나타나면 '복합형'으로 분류합니다.

진단 기준에서 보듯이, ADHD는 아동과 성인 모두에서 진단될 수 있습니다. 다만 성인에서 처음 진단을 받더라도, 일부 증상은 반드시 12세 이전에 나타났어야 합니다. 다시 말해, 성인 ADHD는 별개의 진단이 아니라, 아동기에 시작된 ADHD 증상이 성인기까지 지속되는 경우를 지칭합니다.

참고로 저는 복합형 ADHD가 있습니다. 부주의 증상 9가지가 모두 있고, 과잉행동 및 충동성은 현재는 9가지 중 5가지가 있습니다. 어린 시절에는 6가지에 해당했었습니다.

ADHD 진단에 관한 오해와 진실

구체적인 진단 기준을 살펴보았으니, 이제 ADHD 진단에 관해 흔히 하는 오해를 먼저 바로잡았으면 합니다.

첫째, 특정 행동 한두 가지가 있다고 해서 곧바로 ADHD로 진단하지는 않습니다.

"이런 행동을 하면 ADHD인가요?"라는 질문을 자주 받는데요. 이는 "기침을 하면 폐렴인가요?", "열이 나면 코로나인가요?"와 비슷한 말입니다. 기침은 감기나 기관지염 때문일 수도 있고, 열은 편도염이나 장염 때문일 수도 있죠. 즉 여러 가지 다른 원인이 같은 증상을 나타낼 수 있습니다.

따라서 산만하거나 집중을 잘 못 한다고 해서 모두 ADHD는 아닙니다. 다른 발달장애, 정서 문제, 방임이나 학대 경험과 외상후스트레스장애(PTSD)에서도 비슷한 증상이 나타날 수 있습니다. 특히 한국에서는 학생들이 높은 학업 스트레스 때문에 우울이나 불안을 흔히 경험하는데, 이때도 집중력 저하가 동반될 수 있습니다.

둘째, ADHD를 진단 받은 모든 아이들이 동일한 증상과 심각도를 보이는 것은 아닙니다.

아이마다 양상이 다르고, 한 아이 안에서도 상황에 따라 증상이 달라집니다. 흥미롭거나 즉각적인 보상이 주어지는 활동에서는 주의력이 높아지지만, 지루하거나 보상이 지연되는 과제에서는 집중력이 떨어지고 산만해집니다. 일반 아이들도 이런 차이를 보이지만, ADHD가 있는 아이에게서는 훨씬 더 극단적으로 나타납니다.

셋째, ADHD는 드문 진단이 아닙니다.

소아청소년의 약 5~7%가 ADHD 진단을 받습니다. 한 학급에 25명이 있다면, 한두 명 정도는 ADHD가 있는 셈입니다. 그리고 여아보다 남아에게서 3~4배 정도 ADHD가 빈번하게 나타납니다. 남아에게서는 열 명에 한 명 정도 진단되는 셈이죠.

ADHD에 대한 낙인이 좀 덜한 미국에서는 최근 소아청소년의 11%가 ADHD 진단을 받은 것으로 조사되었습니다. 왼손잡이이거나 편두통을 가진 사람이 각각 인구의 10% 정도 되는 것을 생각하면, 그 비율이 어느 정도인지 이해될 것입니다.

ADHD 진단에 관한 Q&A

1. ADHD가 요즘 유행인가요?

어떤 사람들은 ADHD 진단이 흔해져서, 마치 유행을 따르는 것처럼 아무나 진단받는 것 같다고 말합니다. 2023년 건강보험심사평가원 발표에 따르면 ADHD 증상으로 진료받은 환자는 2018년 약 6만 6천

명에서 2022년 약 14만 명으로 2배 이상 크게 늘었습니다. 이처럼 진단이 증가한 데는 다음 3가지가 주로 영향을 미친 것으로 보입니다.

첫째, 이전에는 그저 '산만한 아이', '게으른 어른'으로 간주되던 사람들이 미디어를 통해 ADHD에 관한 정보를 접하고 전문가 상담을 받는 일이 많아졌습니다. 둘째, 2013년 DSM-5 개정판부터 ADHD 증상 시작 연령이 7세에서 12세로 확장되고, 성인 진단 기준이 9개 중 6개에서 5개로 완화되었습니다. 셋째, 2016년부터 ADHD 약물 보험 적용이 6~18세에서 6~65세로 확대되었습니다.

한국의 ADHD 유병률은 소아청소년에서 약 6%, 성인에서 약 3~4%로, 대체로 전 세계에서 나타나는 수준과 비슷하게 조사됩니다. 최근 ADHD 진단이 증가한 것은 발병이 증가했기 때문이라기보다, 도움이 필요했던 사람들(특히 성인)이 적절한 진단을 받게 되었기 때문으로 보입니다.

2. ADHD는 우울증과 같이 오나요?

이것은 마치 "고혈압은 당뇨와 같이 오나요?"라는 질문과 같습니다. 고혈압 환자에게 당뇨가 같이 있을 수도 있고 아닐 수도 있죠. 마찬가지로, ADHD는 독립적으로 진단되는 경우도 있고, 다른 진단과 함께 진단될 수도 있습니다.

한 사람에게 둘 이상의 질환이나 장애가 동시에 존재하는 것을

'공존질환'이라고 합니다. ADHD에서는 뇌 발달이 전형적인 과정과 다르게 진행되다 보니, 신경정신학적 공존질환이 보다 자주 나타날 수 있습니다. ADHD에서 흔한 공존질환에 관해서는 Part 3에서 더 자세히 알아보겠습니다.

치료 시기를 놓치지 마세요

간혹 자신의 추측과 주위의 피드백, 인터넷에 있는 정보만으로 자녀가 ADHD가 있는지 없는지 판단하려는 경우가 있습니다. 그러다 보면, 부정확한 정보로 인해 적절한 치료나 개입의 시기를 놓칠 수 있습니다.

ADHD 증상이 의심된다면, 혼자서 오래 고민하기보다 바로 전문가의 진료나 상담을 예약하기를 권합니다. 특히 아이가 학교에서 산만함과 과잉행동에 대한 우려를 들었다면, 전문가 상담을 꼭 해보세요. 수많은 아이를 관찰하는 교사의 피드백은 중요한 신호일 수 있습니다.

한국에서는 소아청소년정신의학과나 소아청소년의학과를 찾아가면 됩니다(참고: 대한소아청소년정신과협회 병원 찾기: www.adhd.or.kr/search/search01.php). 대부분의 경우, ADHD 진단은 유명한 병원이나 대학병원의 특별한 전문가만 내릴 수 있는 것은 아닙니다. 그러므로 대기가 길지 않은 가까운 병원에서 진료받기를 권합니다.

혹시 진단이 좀 더 복잡한 경우라면 소견서를 받아 더 큰 병원으로 가면 됩니다. 기다리는 동안 ADHD 진단 여부와 관계없이 도움이 되는 행동치료, 부모 트레이닝 프로그램 등을 미리 시작할 수도 있습니다.

ADHD를 진단받은 진료 기록이 남아 후에 취업 등에 영향을 줄까봐 우려하는 사람도 있습니다. 그러나 개인의 의료 기록은 철저히 보호되며 본인의 동의 없이 외부로 공개되지 않습니다.(극히 드물게 법원의 명령이 있는 경우에 법적 절차에 따라 열람될 수는 있습니다.)

ADHD 진단을 받으면 아이가 낙인 찍히거나 문제아로 취급될까 걱정되어 진료를 미루는 부모도 있습니다. 우리 사회의 부정적인 인식 때문에 걱정하는 것은 이해가 됩니다. 그러나 이 때문에 아이에게 필요한 도움을 제때 주지 못하면, 증상이 악화되어 더 큰 어려움이 생길 수도 있습니다.

예를 들어, 충동성이 심한 경우, 부상이나 사고의 위험이 높아집니다. 과잉행동, 주의력 부족, 감정 조절의 어려움으로 또래 관계나 학업에 어려움을 겪을 수도 있습니다. 이로 인해 불안이나 우울 증상이 나타날 수도 있죠.

전문가의 진료는 단순히 ADHD 여부를 확인하는 것을 넘어, 아이가 갖고 있는 강점과 어려움을 자세히 파악하는 과정이기도 합니다. 진단과 상관없이, 이를 바탕으로 아이를 효율적으로 도와줄 방법을 모색할 수 있습니다. 그러므로 이런 염려 때문에 아이를 도울 기회를 미루지 않기를 바랍니다.

ADHD 뇌는 다르다

"어릴 때는, 특히 남자아이들은 다 활동적이고 장난기도 많아. 아무 문제 없어."

"훈육을 잘못해서 그렇지, 버릇만 들이면 다 고쳐져."

"그게 약 먹을 일이야? 좀 더 잘 가르쳐봐."

이런 소리를 들으면 최선을 다하고 있는 부모는 억울하고 속이 탑니다. 분명 어려움이 있는데도 주변에서 부정하니 '내가 뭘 잘못했나?' 하는 의문까지 들죠. 아이를 잠깐 보는 조부모나 함께 보내는 시간이 적은 부모는 증상의 심각성을 잘 느끼지 못하기도 합니다.

ADHD를 훈육 문제로만 여기면, 정작 치료가 꼭 필요한 순간을 놓칠 수도 있습니다.

"왜 다 알면서 같은 실수를 반복하는지, 나한테 일부러 반항하는 것 같아요."

"다른 아이들은 다 잘하는데, 왜 우리 아이만 이 간단한 걸 못할까요?"

속상함을 토로하는 부모들에게 저는 이렇게 말합니다.

"아이가 할 수 있었으면 했을 거예요."

아이들은 누구나 잘하고 싶은 마음이 있습니다. ADHD가 있는 아이가 잘하지 못할 때는, 하기 싫어서가 아니라 뇌의 특성상 하고 싶어도 어려운 상태이기 때문입니다.

ADHD 뇌를 제대로 이해하는 것은 아이를 돕는 첫걸음입니다. 가장 중요한 것은, 이 아이의 뇌가 대다수의 아이들과 다르게 작동한다는 점을 인식하는 것입니다. 이것을 이해하지 못하면 부모는 문제 행동을 과도하게 야단치거나 더 큰 벌로 해결하려 하게 됩니다. 그러면 아이는 불안해지고 자신감이 떨어지며 집중력과 감정 조절 능력은 더 악화될 수 있죠. 결국 아이와 부모 모두 좌절감과 무력감에 빠질 수 있습니다.

이런 악순환에 빠지지 않기 위해, 이제부터 ADHD 뇌가 어떻게 다른지 뇌과학적으로 이해하고, 어떻게 아이를 도와주면 좋을지 체계적으로 배워보겠습니다.

ADHD는 또 다른 뇌의 '특성(Trait)'

공식적인 명칭이 주의력결핍과잉행동장애인 것을 보아도 알 수 있듯, ADHD는 '병(Disease)'이나 '질환(Illness)'이라기보다 '장애(Disorder)'로 정의됩니다. 장애란 신체적 또는 정신적 기능의 저하로 인해 일상생활, 사회생활 또는 정서적 안정에 어려움을 주는 상태를 의미합니다. 즉 ADHD를 진단받은 아이는 주의력 부족과 과잉행동 및 충동성으로 인해 다양한 어려움을 겪고 있는 '상태(Condition)'라는 것입니다.

우리는 흔히 "키가 크다", "외향적이다"라는 말을 합니다. 그런데 '크다'는 키가 정확히 몇 cm부터일까요? 175cm? 180cm? 절대적인 기준은 없죠. 외향성도 마찬가지입니다. 조금 더 외향적이거나 덜 외향적일 뿐, 그 경계선이 뚜렷하지 않습니다.

ADHD 특성도 그렇습니다. '있다'와 '없다'로 나눌 수 있는 명확한 경계는 없습니다. 진단을 위해서 연구를 바탕으로 합의한 기준을 정해놓았습니다. 그렇지만, 부주의 증상 9개 중 4개에 해당하면 ADHD 특성이 전혀 '없는' 걸까요?

ADHD 특성은 약한 정도부터 강한 정도까지 연속선(Continuum) 위에 분포됩니다. 스펙트럼과 비슷한 개념이죠. 그 특성이 뚜렷하고 일상에 영향을 미칠 때 진단이 내려지는 것입니다. 진단 기준을 읽다 보면 '어, 나도 그런데?'라는 생각이 들기도 할 거예요. 누구나 그 연속선 위 어딘가에 자리하기 때문에 자연스러운 일입니다.

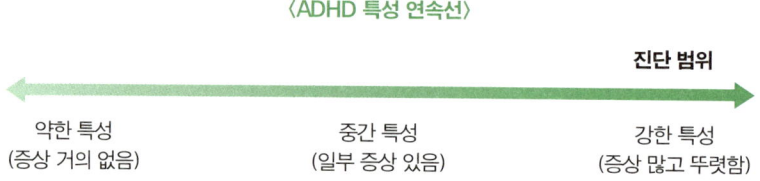

〈ADHD 특성 연속선〉

진단 범위

약한 특성
(증상 거의 없음)

중간 특성
(일부 증상 있음)

강한 특성
(증상 많고 뚜렷함)

이것은 '신경다양성(Neurodiversity)'이라는 개념과도 맞닿아 있습니다. 사람마다 뇌가 작동하는 방식이 다르다는 것을 병리학적 결함이 아닌, 자연스러운 다양성으로 보자는 관점이죠. 그러면, ADHD

는 '병'이라기보다 '전형적이지 않은 특성'으로 볼 수 있습니다. 이때, ADHD 증상은 그 특성과 환경이 잘 맞지 않아 생기는 어려움이라고 볼 수 있죠. 마치 키가 매우 큰 사람은 보통 키에 맞춘 비행기 좌석이 불편한 것처럼요.

이러한 관점은 ADHD가 있는 사람들도 적합한 환경이 마련되면 어려움을 덜 겪고, 더 잘 적응할 수 있다는 희망을 줍니다. 저 역시 ADHD가 있는 사람으로서, 저와 같은 이들을 신경다양성의 관점에서 바라보고 싶습니다. 나아가 우리 사회도 이러한 포용의 시선으로 우리를 보아주기를 바랍니다.

ADHD는 '틀림'이 아닌 '다름'

제가 ADHD의 유전적 요인에 대해 쓰고 있다고 하자 남편이 물었습니다.

"그래서, 유전자에 어떤 결함이 있는 거야?"

ADHD가 있는 사람은 유전자에 뭔가 하자가 있을 거라고 생각한 거죠. 저는 다음과 같이 교정해주었습니다.

"'결함'이라고 하지 않고 '변이(variants)'라고 해. 모든 사람은 변이를 가지고 있어. 당신도 마찬가지고. 바로 그 변이들이 당신은 제프가 되게 하고 나는 나영이가 되게 하는 거야."

'변이'의 어원은 '다르다', '다양하다'라는 뜻입니다. '틀렸다', '잘못됐다'라는 뜻이 아닙니다.

인간의 유전 정보는 약 30억 쌍의 DNA 염기로 이루어져 있습니다. 모든 사람은 그 안에 평균 400만~500만 개의 고유한 변이를 가지고 있습니다. 이러한 변이들이 우리 각자의 키와 체형, 성격, 그리고 뇌의 정보 처리 방식 같은 다양한 정보를 담고 있죠.

그런데 이 수백만 개의 유전자 변이 조합이 정확히 일치하는 사람은 80억 인류는 물론, 온 우주 어디에도 없습니다(일란성 쌍둥이 제외).

〈염색체, DNA, 염기쌍〉

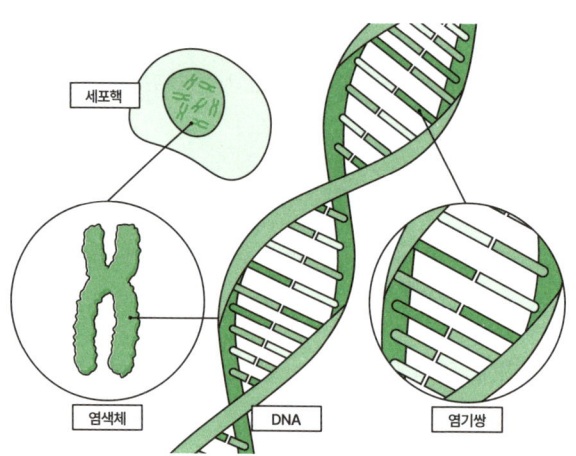

바로 이 독특한 조합과 환경의 영향이 어우러져 '나'를 유일무이한 존재로 만듭니다.

만약 인류의 유전 정보에 변이가 거의 없었다면 어땠을까요? 이런 존재를 '클론(Clone)'이라고 하죠. 인류가 클론 같았다면, 여러 질병이나 환경 변화에 진작에 멸종했을 것입니다. 14세기 흑사병은 유럽 인구의 3분의 1을 앗아갔지만, 다양한 면역력을 가진 사람들 덕분에 인류가 살아남을 수 있었습니다.

개개인의 '다름'이 바로 인류가 번성할 수 있었던 결정적인 이유입니다. 서로 다른 강점을 지닌 사람들이 모였기에, 함께 맞닥뜨린 문제를 풀 수 있었던 것이죠. 축구팀에 다양한 포지션이 필요한 것처럼, 장단점이 서로 다른 사람들이 모였을 때 비로소 강한 팀이 만들어집니다.

그러면, 이렇게 셀 수 없이 많은 유전자 변이 조합 중 어느 것이 더 낫다, 더 못하다 말할 수 있을까요? 있다면, 그 기준은 누가 정한다는 말입니까?

특정 환경에서 유리하거나 불리한 변이는 있을 수 있지만, 인간 전체를 놓고 보면 어떤 조합도 절대적으로 우월하거나 열등하지 않습니다.

그런데도 우리는 가끔 이렇게 말하는 사람을 만납니다.

"저는 네모예요. 왜 당신은 별 모양이죠? 이상하네요."

이 얼마나 우스꽝스럽고 어리석기까지 한 생각인가요! 나아가, 이는 타인의 고유함을 부정하는 위험한 시선입니다. 정답이 없는 인생에서 어떤 특성이 언제 강점이 될지는 아무도 모릅니다. 왼손잡이 투수가 빛을 발하는 순간이 있는 것처럼요.

저는 "별나다"라는 말을 자주 들으며 자랐습니다. 어머니는 "우리 나영이가 좀 별나지"라고 말하곤 했습니다. 그렇게 말하는 어머니의 말투와 눈빛에는 애정이 가득 담겨 있었습니다. 그래서 저는 '별나다'라는 말에 "넌 왜 그리 이상하냐?" 같은 부정적인 뜻이 있는지 몰랐습니다. 오히려 개성 있고 보기 좋다는 의미로 알고 자랐어요.

덕분에 저는 상당히 '별난' 저 자신을 부끄러워하거나 싫어하지 않았습니다. 별처럼 고유하게 빛나는 거라고 뿌듯하게 생각하고 살았습니다. 그렇게 제 안에는 '성적이 좋고 외모가 뛰어난 사람보다, 자기만의 독특하고 고유한 맛이 있는 사람이 참 멋있다'는 생각이 자리 잡았습니다. 부모님께 늘 감사하는 부분입니다. 서로 다른 사람들을 그 모습 그대로 존중하는 시각을 심어주셨으니까요.

우리 어른들이 ADHD가 있는 아이를 위해 가장 먼저 해야 할 일은 편견과 낙인을 없애는 것입니다. ADHD가 있는 아이든, 불안이나 다른 장애가 있는 아이든, 모든 아이는 저마다 고유한 아름다움을 지닌 존재입니다. "너는 틀렸다"가 아니라 "너의 모습 그대로 비할 데 없이 아름답다"라고 말해주길 바랍니다.

ADHD의 원인: 유전인가, 환경인가?

ADHD의 유전적 영향

앞서 ADHD 뇌는 다르다고 했는데요, 그 차이는 왜 생긴 걸까요? 키나 지능 같은 특성들과 마찬가지로, ADHD 특성이 발현하는 데는 유전적 원인과 환경적 원인이 복합적으로 작용합니다. 유전적 요인이 약 75%, 그리고 환경적 요인이 25% 정도 영향을 미치는 것으로 추정됩니다.

    ADHD의 유전적인 요인으로는 동기 유발에 중요한 역할을 하는 도파민 관련 유전자가 오래 주목받아왔습니다. 최근에는 뇌 발달, 시냅스 형성, 언어 능력과 관련된 유전자들도 깊이 연관된 것으로 알려졌습니다.

그런데 ADHD의 특성은 유전자 몇 개 때문이 아니라, 수많은 유전자가 복합적으로 작용한 결과로 나타납니다. 이를 '다(多)유전자성(polygenicity)'이라고 합니다. 키나 지능지수(IQ)도 마찬가지죠. 이런 특성들은 부모로부터 자녀에게 얼마나, 어떻게 전달될지를 정확히 예측하기 어렵습니다.

유전이 전부는 아니다

유전적 요인이 크다고 하면 '나 때문에 우리 아이가 ADHD가 있나' 하며 자책하는 부모도 있습니다. 내가 가진 ADHD를 물려주게 될까 걱정하기도 합니다. 그러나 부모가 ADHD가 있다고 자녀에게 무조건 물려주는 것은 아닙니다.

부모가 ADHD를 진단받은 경우에 자녀도 ADHD를 진단받을 확률은 평균 40~60% 정도로 조사됩니다. 이는 양쪽 부모의 유전적 요인이 통합적으로 작용할 뿐만 아니라, 환경적 영향도 상당히 나타나기 때문입니다. 타고난 유전자도 환경과의 상호작용에 의해서 아예 발현되지 않거나, 발현되는 정도가 달라질 수 있습니다.

ADHD와 연관성을 보이는 대표적인 환경 요인으로는 임신 전

과체중, 임신 중 고혈압, 전자간증, 흡연, 술, 아세토아미노펜 사용, 미숙아, 저체중 태아, 아이의 납 중독, 아토피, 임신 중이나 뇌 발달 시기에 받은 과도한 스트레스, 초가공식품 과다 섭취나 특정 영양소 결핍 등이 있습니다.

다만 여기서 말하는 '연관성'은 '인과관계'를 의미하지 않는다는 점에 유의해야 합니다. 이 요인들이 ADHD의 직접적 원인인지, 아니면 ADHD 특성을 지닌 아이가 특정 환경을 더 많이 경험하게 되는지를 구별하기는 쉽지 않습니다.

반면 ADHD 증상을 완화하거나 발현하는 시기를 늦추는 보호적인 환경도 있습니다. 아이의 고유한 특성을 이해하며 수용해주고, 아이가 할 수 있다는 자신감을 갖도록 지지해주는 환경입니다. 바로 이 부분이 부모가 직접적으로 영향을 미치는 영역으로, Part 4에서 자세히 다루겠습니다.

함께 걷는 부모의 선물

ADHD 관련 요인을 100조각짜리 퍼즐에 비유한다면, 유전적 요인 75조각과 환경적 요인 25조각으로 이루어져 있겠죠. 퍼즐 조각이 많이 맞춰질수록 ADHD 특성은 더 뚜렷해지며, 어떤 조각을 갖고 있느

나에 따라 증상의 양상도 달라질 수 있습니다.

　예를 들어, 아버지가 유전적 조각 40개를, 어머니가 20개를 가졌다고 가정해봅시다. 자녀에게 60개의 조각이 모두 전달되고, 추가로 환경적 조각 15개까지 더해진다면, 총 75개의 조각이 맞춰지게 됩니다. 이 경우 부모가 진단받지 않았어도 아이는 진단 기준을 충족할 수 있습니다. 아버지가 ADHD 특성을 많이 보였을 가능성도 높죠.

　저의 경우, 아버지도 ADHD 특성이 많았으니 저에게 그 유전적 영향이 전해졌겠죠. 그런데 저는 그런 아버지가 있어서 오히려 긍정적이고 지지적인 환경에서 자랐습니다. 가족 중 누구도 저에게 "넌 왜 이렇게 이상하니? 다른 애들은 다 잘 챙기는데 너는 그게 안 되냐?" 같은 말을 하지 않았으니까요. 아버지가 저보다 좀 더 별나셔서 저의 별난 모습이 자연스럽게 받아들여졌습니다.

　이처럼 부모가 ADHD가 있는 경우, 오히려 아이에게 이해와 수용이 높은 보호적인 환경을 만들어줄 수 있습니다. '내가 ADHD가 있는데 내 자녀도 있다'고 절망하지 마세요. 이 세상에서 그 아이를 가장 잘 이해해주고, 지지해주고, 사랑해주는 부모가 될 수 있으니까요.

ADHD 뇌는 어떻게 작동할까?

ADHD 뇌가 다르게 작동하는 이유

그럼 이런 유전적, 환경적 요인들이 뇌 발달에 어떤 영향을 미치기에, 전형적인 양상과 달라지면서 ADHD 증상이 나타나게 되는 걸까요?

　신생아의 뇌는 놀랍게도 성인과 비슷한 수의 신경세포를 갖고 있습니다. 성인이 될 때까지 이 세포들이 서로 효율적인 연결망을 형성하며 뇌가 성장하게 되는 거죠. 이 연결 부위를 '시냅스'라고 합니다. 경험과 학습을 거치며 필요한 시냅스는 새로 형성되고, 불필요한 것은 제거되며, 자주 쓰는 것은 강화됩니다. 이렇게 뇌가 구조와 기능을 최적화하는 능력을 '신경가소성(Neuroplasticity)'이라 합니다. 결국 시냅스 형성과 신경가소성이 뇌 발달의 핵심인 것이죠.

신경세포들이 시냅스를 통해 서로 소통할 때 메신저 역할을 하는 것이 바로 신경전달물질입니다. 이들은 뇌 기능을 조절하는 데 핵심 역할을 하며, 대표적인 것으로 도파민, 노르에피네프린, 아세틸콜린, 세로토닌이 있습니다.

앞서 언급했듯이 ADHD와 연관된 유전자들 중 상당수가 시냅스 형성과 신경발달 그리고 도파민에 관여합니다. 따라서 ADHD 특성은 몇몇 부위에 국한된 것이 아닌, 뇌의 전반적인 발달과 연결성에 영향을 미치게 됩니다.

실제로 ADHD가 있는 아이들에서 대뇌피질의 성숙이 평균 2~5년 정도 지연되고, 전체 뇌의 부피 또한 일반 아동에 비해 평균 3~5% 정도 작다는 연구 결과가 있습니다. 특히 실행 기능을 담당하는 전전두피질, 보상과 움직임에 관여하는 기저핵, 운동 조절에 관여하는 소뇌, 감정 조절에 관여하는 편도체의 크기가 약간 작다는 연구 결과가 있습니다.

ADHD의 세계적 권위자인 러셀 바클리(Russell A. Barkley) 박사는 ADHD 아동의 뇌 성숙 정도를 실제 나이의 70% 정도로 예측하는 방법을 제안합니다. 예를 들어, 10세 아동은 7세 정도, 8세 아동은 5~6세 수준의 뇌 발달로 추정하는 것이죠.

얼마전 제 친구가 요리나 정리정돈 같은 것을 몹시 어려워하는 제 모습을 보고 이렇게 말한 적이 있습니다.

"나영이는 다른 건 잘하는데, 이런 건 열 살 수준이네!"

ADHD 특성이 두드러지는 부분에서는 제 뇌의 성숙도가 아동 수준일 수 있다는 뜻이죠. 아이를 보고 '이 나이에 이것도 못 하나?' 답답해질 때, 좀 더디게 성숙하고 있는 아이의 뇌를 떠올려보세요. 화가 덜 나고, 좀 더 부드러운 시선으로 아이를 바라볼 수 있을 거예요.

요약하면 ADHD 뇌의 특성은 크게 ① 시냅스 형성 및 신경가소성의 차이 ② 신경전달물질(특히 도파민, 노르에피네프린) 시스템의 취약성에서 비롯됩니다. 이로 인해 뇌 발달과 성숙에 차이를 보이며, 특히 여러 영역이 함께 작동하는 뇌 기능에 영향을 미치게 됩니다.

그중에서도 다음 4가지 기능의 작동 방식에 두드러진 차이가 나타납니다.

① 실행 기능(Executive function) : 목표를 세우고 계획을 실천하도록 이끄는 기능
② 주의 조절(Attention regulation) : 중요한 일에 집중하고 산만한 자극을 걸러내는 기능
③ 각성 조절(Arousal regulation) : 뇌와 몸이 깨어 있는 정도를 상

황에 맞게 조절하는 기능

④ 보상 처리(Reward processing) : 동기부여와 만족감을 느끼게 하는 과정

ADHD 뇌에서 이런 기능이 어떻게 작동하는지를 알면, 아이의 어려움을 더 잘 이해하고 이를 도와줄 방향을 찾을 수 있습니다. 먼저 각 기능의 뇌과학적 배경을 간단히 살펴본 뒤, Part 2에서 기능별로 관련된 ADHD 증상을 자세히 다루겠습니다. 실제로는 여러 기능이 연결되어 작동하지만, 이 책에서는 이해를 돕기 위해 기능별로 나누어 설명하겠습니다.

실행 기능: 계획하고 행동으로 옮기는 힘

실행 기능은 뇌의 가장 고차원적 기능으로, 목표를 이루기 위해 여러 뇌 영역을 조율하고 통솔하는 '지휘자' 같은 역할을 합니다. 수십 명의 연주자가 모인 오케스트라를 떠올려보세요. 지휘자가 언제, 어떤 파트가 들어올지, 어떤 강약과 속도로 연주할지를 전체적으로 조율하는 것과 같습니다.

목표에 따라 계획을 세워, 집중을 유지하고, 정보를 기억하고 정

〈ADHD 관련 주요 뇌 영역〉

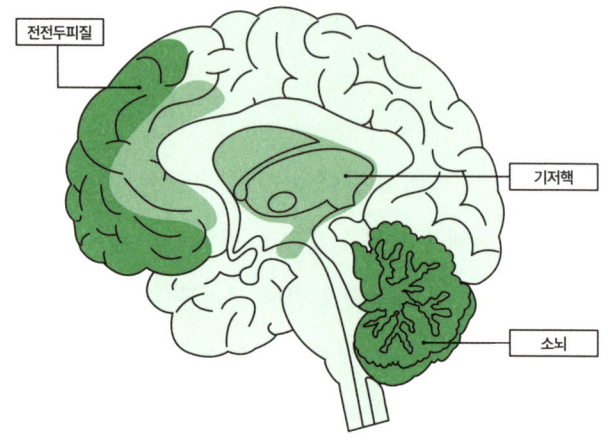

리하며, 시간을 관리하고, 감정과 충동을 조절하고, 유연하게 사고하며, 문제를 해결하는 능력까지 모두 실행 기능에 포함됩니다. 아이가 학교 갈 준비를 순서대로 하고, 게임을 하다가도 멈추고 시험공부를 계획대로 할 수 있는 것도 실행 기능 덕분입니다.

전두엽의 가장 앞부분인 전전두피질이 실행 기능의 본부로, 다른 뇌 영역과 소통하며 목표 달성을 이끌어냅니다. 덕분에 우리는 순간적인 충동에 휘둘리지 않고 장기적인 목표에 맞는 행동을 할 수 있는 거죠. 주로 도파민과 노르에피네프린이 그 소통을 돕습니다.

ADHD 뇌는 전전두피질 발달이 지연되고 도파민과 노르에피네프린 시스템이 취약해 실행 기능이 미숙합니다. 마치 지휘자 없는 오케스트라처럼 여러 뇌 기능이 두서없이 작동하게 되죠. 그 결과 목표를 향한 집중은 어렵고, 자기조절은 약하며, 충동성은 커집니다. 이렇듯 주요 증상이 실행 기능과 밀접한 관련이 있어, ADHD를 흔히 '전두엽 문제' 또는 '실행 기능 문제'라 부르기도 합니다.

　일상생활에서 실행 기능을 많이 필요로 하는 활동이 바로 요리입니다. 무슨 음식을 만들지 계획해서, 필요한 재료를 준비하고, 이를 순서에 따라 적절히 시간을 두어가며 넣어야 하죠.
　제가 처음 떡볶이를 만들었을 때의 일입니다. 친구가 고추장, 설탕, 떡, 어묵만 넣으면 쉽게 만들 수 있다고 하기에, 재료를 프라이팬에 한꺼번에 넣어서 끓였습니다. 그랬더니 아래는 타고 위는 덜 익은 '삼층' 떡볶이가 되더군요.
　요리를 할 때 그 과정을 기억하는 것도 어렵습니다. 설탕을 이미 넣었는지 안 넣었는지 잘 기억이 나지 않아요. 아예 요리하고 있다는 것 자체를 까먹어서, 음식을 숯처럼 태우기가 일쑤입니다. 이처럼 실행 기능이 취약하면 과제를 계획하고 체계적으로 수행하는 것이 어렵습니다.

주의 조절: 중요한 것에 집중하는 힘

주의 조절 기능은 뇌가 수많은 자극 중에서 중요한 것에만 집중할 수 있게 도와줍니다. 마치 연극 무대의 스포트라이트처럼, 필요한 곳에만 집중적으로 빛을 비춰주는 것이죠. 수업 시간에 선생님께 집중하는 동안 창밖의 소리를 무시할 수 있는 것도, 이 기능이 잘 작동하고 있기 때문입니다.

전전두피질은 전대상피질과 두정피질 등 여러 뇌 영역에서 받은 정보를 토대로 주의를 어디에 둘지 결정하고, 불필요한 자극은 걸러냅니다. 노르에피네프린과 도파민이 그 소통에 핵심 역할을 합니다.

ADHD 뇌에서는 전전두피질의 미숙함과 노르에피네프린, 도파민 시스템의 취약성 때문에 주의 조절이 불안정합니다. 중요한 것에 집중하고 다른 것을 걸러내는 것도 어렵고, 오랜 기간 주의를 지속하는 것도 힘듭니다. 그 결과 과제를 완수하기 어렵고, 산만함과 부주의함에서 비롯된 실수가 잦아집니다.

저는 설거지를 싫어해서 식기세척기를 사용하는데요. 사용한 식기를 헹구어 차곡차곡 넣고 세제를 넣은 다음, 뚜껑을 닫고 버튼을 누르면 자동으로 세척이 되죠. 그런데 저는 마지막에 버튼을 누르는 것을 잘 잊어버려요.

한번은 식기세척기를 돌린 줄 알았는데 안 돼 있었어요. 그래서 그날 사용한 식기를 좀 더 넣고 다시 돌렸죠. 그런데 그다음 날 보니 또 안 돼 있는 거예요. 그렇게 버튼 누르는 것을 3일째 잊어버렸습니다.

설거지를 3일째 안 했다는 결과만 보면 게으른 사람이라고 오해받기 쉽습니다. 실제로 ADHD가 있는 사람은 "게으르다"라는 비난을 많이 받습니다. 그러나 실상은 게으른 게 아니라 주의력이 떨어져 일이 완전히 끝날 때까지 주의를 유지하지 못하는 것입니다. 만약 정말 게으르다면 아예 시작조차 하지 않았겠죠.

각성 조절: 뇌를 깨우는 힘

각성 조절 기능은 우리 뇌와 몸이 깨어 있는 정도를 상황에 맞게 조절해줍니다. 조명의 밝기 조절 장치처럼 집중할 때는 조명을 밝게, 쉴 때는 은은하게 낮춰주는 역할을 합니다. 예를 들어, 시험을 볼 때는 정신이 번쩍 드는 높은 각성 상태로, 휴식 시간에는 긴장이 풀린 낮은 각성 상태로 조절하는 것이죠.

의학적으로 각성이 가장 낮은 상태가 혼수 상태이고, 지나치게 높은 상태가 공황 상태입니다. 그사이에 명료하게 깨어 있는 상태, 졸리는 상태 등이 있습니다.

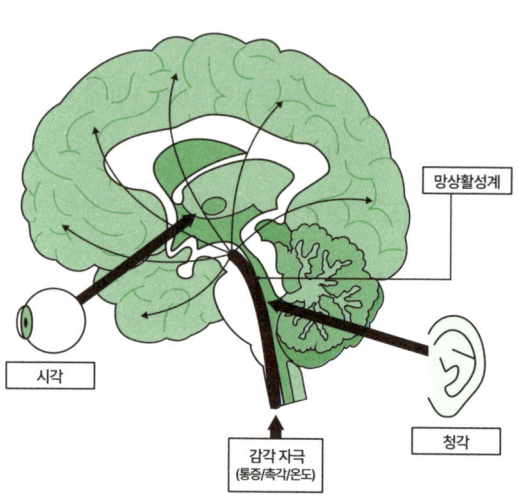

〈망상활성계〉

각성 조절 중추인 망상활성계는 뇌와 척수 사이에 위치하며, 여러 신체 감각 정보를 받아 뇌의 각성 수준을 조절합니다. 노르에피네프린, 아세틸콜린, 도파민 외 다수의 신경전달물질이 그 소통을 담당합니다.

노르에피네프린은 위험하거나 중요한 상황이 편도체를 통해 감지되면 분비되어 각성을 높입니다. 동시에, 교감신경계를 활성화해 뇌와 몸의 반응성과 긴장감을 높입니다. 반면, 아세틸콜린은 부교감신경계를 통해 몸을 이완하고 과도한 각성을 진정시킵니다.

ADHD 뇌에서는 망상활성계가 불안정하며, 편도체가 감각 신호에 과도하게 반응하기도 합니다. 또 노르에피네프린과 아세틸콜린의 균형이 맞지 않아, 부적절한 '저각성'이나 '과각성'이 자주 나타납니다. 이를테면, 시험 시간에 졸린다거나 취침 시간에 흥분해서 진정이 안 되는 식이죠.

저는 흥미로운 일이 없으면 각성이 떨어져 금세 처지고 지루해집니다. 그러다가 "일을 만든다, 일을 벌인다"라는 말을 들을 만큼 부산하게 움직일 때도 많습니다. 흥미 있는 프로젝트를 만들어 저각성 상태를 벗어나려는 제 나름의 노력인 것 같습니다.

이처럼 ADHD에서 과잉행동은 저각성 상태에서 스스로를 깨우려는 무의식적 반응일 수 있습니다. 마치 졸음운전을 막으려 몸을 움직이는 것과 비슷하죠. 몸을 베베 꼬거나 꿈틀거리기, 책상 두드리기, 의자 흔들기, 다리 떨기, 펜 돌리기, 지우개 만지작거리기 등이 그 예입니다.

반대로 자극이 많을 때는 과각성 상태가 되어, 모터가 달린 듯 뛰어다니고 소리를 지르기도 합니다. 저도 인턴 시절 낮직 중에 병원 복도를 질주하다 혼이 나곤 했죠. 결국 과잉행동은 저각성과 과각성 모두에서 나타날 수 있습니다.

보상 처리: 동기를 부여하는 힘

보상 처리는 뇌가 어떤 행동으로 인해 즐거움을 느낀 경험을 기억해, 그 행동을 반복하도록 학습하는 과정을 말합니다. 이는 보상이 따르는 행동을 할 동기를 유발해 아이가 바람직한 행동을 배우는 데 중요한 역할을 합니다. 그 결과 아이는 미래의 더 큰 보상을 위해 지금의 작은 어려움을 감수할 수도 있게 되는 거죠.

이 과정은 보상회로라는 뇌의 신경망을 통해 이루어집니다. 복측피개영역이 보상회로의 시작점으로, 보상이 있거나 예측되면 도파민을 분비합니다. 기저핵(특히 측좌핵)에서 그 신호를 받아 보상이 따르는 행동을 선택하고, 반복되는 행동은 습관으로 굳힙니다. 전전두피질은 즉각적인 충동을 억제해, 눈앞의 유혹보다 장기적인 목표를 선택하도록 도와줍니다. 편도체와 해마는 보상 경험을 감정과 연결시켜 기억하는 역할을 합니다.

예를 들어, 게임을 할 때 얻는 재미와 보상으로 복측피개영역에서 도파민이 분비되면 기저핵은 계속 게임을 하려고 합니다. 이때 전전두피질이 "숙제를 먼저 해야 해"라며 제동을 걸어줍니다. 숙제를 마치고 뿌듯함을 느끼고 칭찬을 받으면 편도체와 해마가 그 즐거운 감정을 숙제와 연결해 기억하고, 다음에도 숙제를 하려는 동기가 생기는 것이죠.

〈보상 처리 시스템〉

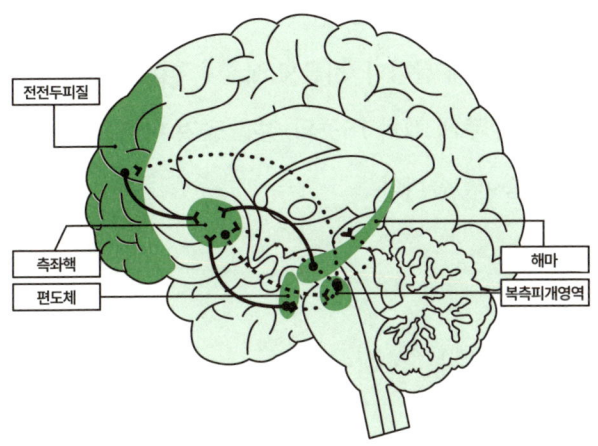

ADHD 뇌는 기저핵과 전전두피질의 발달이 미숙하고, 두 부위의 연결도 약해 이 같은 보상 처리가 잘되지 않습니다. 도파민 시스템도 불안정하니 동기 유발이 어려운 저동기 상태가 지속됩니다. 그러다 가끔 흥미로운 자극을 만나면 도파민이 과도하게 분비되어 과잉집중(Hyperfocus)이 일어나기도 합니다. 이처럼 ADHD가 있는 이이는 저동기 상태와 과잉집중을 오가며, 해야 할 일은 미루면서 즉각적인 만족과 흥미로운 자극을 더 추구하는 경향이 있습니다.

저 역시 어지간한 일에는 쉽게 동기가 생기지 않아 늘 흥미로운 것을 찾아 다녔습니다. 기회만 되면 스카이다이빙, 행글라이딩, 스쿠

버다이빙, 공중곡예 같은 모험을 찾았어요. 여행은 히말라야, 파타고니아, 갈라파고스, 아프리카 초원, 아마존 정글 같은 탐험지를 골라 다녔죠. 올해는 남극에 갑니다. 지금도 모국을 떠나 지구 반대편에 살고 미국에서도 4개 주에 걸쳐 15곳의 집을 옮겨 다녔으니, 제 삶은 새로운 자극의 연속이었습니다.

뇌과학이 말해주는 본질육아

한 가정에 연년생으로 태어난 세 아이가 있었습니다. 첫째 아들은 밝고 건강하며 학교에서도 모범생이었습니다. 부모는 첫째를 키우면서 큰 고민이 없었습니다.

둘째 아들은 활달하고 명랑했는데 학교에 들어간 후 어려움을 보이기 시작했습니다. 선생님이 칠판에 쓰는 것을 잘 따라가지 못하고, 책 읽는 것을 어려워했습니다. 친구들과 놀 때도 상황을 잘 파악하지 못하고 엉뚱한 말이나 행동을 해서 문제가 생겼습니다.

걱정 끝에 병원에서 자세한 검사를 해보고서야, 둘째에게 시각 장애가 있다는 것을 알게 되었습니다. 그래서 학업을 따라가기 힘들었고, 친구들 사이에서도 오해가 생겼던 것이죠.

진단을 받은 후에 부모는 둘째의 어려움을 덜어주기 위해 최선을 다했습니다. 특수 안경을 맞춰주고 시각 재활 운동도 꾸준히 시켰습니다. 학교에서도 아이를 배려해서 앞자리에서 수업을 듣게 하고, 글자를 더 크게 프린트해서 제공했습니다. 급우들에게도 이 친구가 시력이 약하니 더 이해하고 도와주도록 당부했습니다. 덕분에 둘째는 학업에도 점점 자신감을 회복했고, 교우관계도 원만해졌습니다.

셋째인 딸도 유쾌하고 에너지가 넘치는 아이였습니다. 그런데 학교에 들어가고부터 선생님께 계속 연락이 왔습니다.

"가만히 앉아 있지를 못해요."

"뛰어다니다가 다른 아이를 밀쳤어요."

부모는 셋째에게 "그걸 못 기다려?"라고 꾸짖고, "가만히 좀 있어!"라고 훈육했습니다. 하지만 셋째의 행동은 좀처럼 나아지지 않았습니다. 더 심하게 혼내면 행동이 고쳐질까 했습니다.

"너 같이 말을 안 듣는 애는 처음 봐!"

"너는 왜 잘해보려고 노력도 안 하니?"

이런 피드백을 주는 사이에, 아이와의 관계는 점점 나빠졌습니다. 행동은 전혀 개선되지 않았고, 부모는 점점 지쳐갔습니다.

이런 셋째의 행동 이면에는 아무도 알지 못했던 ADHD라는 어려움이 있었습니다. 셋째의 뇌에서는 주의 조절과 충동 조절 능력이 다른 아이들보다 더디게 발달하고 있었던 거죠.

둘째와 셋째는 학습과 또래관계에서 비슷한 문제가 있었지만, 부모가 두 아이에게 취했던 태도는 매우 달랐습니다. 둘째의 어려움은 잘 이해해주고 안타까워하며 최대한 지지적인 환경을 제공해주었습니다. 그렇지만 셋째에게는 "너만 왜 이러는지 이해가 안 된다"는 비난과 꾸중의 강도를 높여갔던 것이죠. 안타깝게도 셋째는 시간이 흐르면서 '나는 무능하고 나쁜 아이'라는 믿음을 지니게 되었습니다.

시력이 약한 아이에게 "눈에 힘 좀 줘봐!"라고 꾸짖는다고 갑자기 시력이 좋아지지 않습니다. 마찬가지로 ADHD가 있는 아이를 호되게 야단치고 비난한다고 해서 문제가 개선되지 않습니다. 아이의 행동이 단순한 태도나 의지의 문제가 아니라, 뇌 기능의 차이에서 오는 것이기 때문입니다.

전전두피질이 더디게 발달하고 있는 아이에게 "그러면 아무도 널 좋아하지 않아"라고 말한다고 해서 뇌 발달이 빨라질 리가 없습니다. "이번에도 실수하면 무서운 벌을 준다"라고 말한다고, 주의력이 향상되지 않습니다. 도파민이 낮아서 동기가 떨어지고 지루해하는 아이에게 "정신 똑바로 차려!"라고 한다고 도파민이 더 분비되지 않고요.

만약 여러분에게 비행기를 조정해보라고 하면 어떨까요? 못하면 감옥에 가두어 큰 벌을 줄 것이며, 성공하면 100억 원을 상으로 주겠다고 한다면요. 무서운 벌과 엄청난 상을 생각하면 동기가 올라오고 의지가 불타면서 잘할 수 있나요? 능력을 습득하지 않은 상태에서는 아무리 큰 상이나 심한 벌을 준다고 해도 할 수 없는 것입니다.

ADHD 아이들에게 필요한 것은 강한 비난과 심한 벌이 아니라, 뇌과학적 이해와 지지적인 환경입니다. 그 속에서 일관된 훈육과 훈련으로 부족한 능력을 키우고, 신경가소성을 통해 뇌가 잘 성장하도록 도울 수 있습니다. 필요에 따라 상담과 약물치료를 함께하면 됩니다.

ADHD 증상의 이면에 있는 뇌과학을 더 잘 이해하기 위해, Part 2에서는 기능별로 어떤 증상이 실생활에서 어떻게 나타나는지 자세히 살펴보겠습니다. 아이의 행동이 뇌 기능과 어떻게 연결되는지, 그리고 어떻게 하면 아이를 효과적으로 도울 수 있는지도 배워보겠습니다.

PART 2

뇌과학을 이해하면 해법이 보인다

실행 기능

쉬운 일도 제대로 못 해요

ㅠㅠ 오해: 어른 말을 무시한다
^^ 진실: 내장 화이트보드가 너무 작다

나영이는 엄마가 심부름을 시키면 걱정부터 앞섰습니다. "시장에 가서 콩나물 1,000원어치 사고, 오는 길에 슈퍼에 들러 참기름을 사 가지고 와" 하면, 그걸 잊어버릴까봐요. 가는 동안 계속 잡생각이 떠오르고 시장에 있는 여러 가지 자극에도 쉽게 정신이 팔렸으니까요. 엄마가 뭘 시켰는지 까마득하게 잊어버리거나, 돈만 내고 물건은 두고 오거나, 거스름돈 받는 것을 까먹고 오는 일이 잦았습니다.

ADHD가 있는 아이들은 쉬운 일이라도 계획에 따라 과제를 단계별로 완수하는 것을 종종 어려워합니다. 그러다 보니, 하라는 것을 하지 않는 '말 안 듣는 아이'처럼 보이기 쉽습니다. ADHD가 있는 아이들이 지시를 잘 따르지 못하는 데는 작업 기억(Working memory)의 취약성이 큰 요인으로 작용합니다. 목표 달성을 통솔하는 실행 기능 중에서, 필요한 정보를 잠시 붙잡아두면서 활용하는 능력을 작업 기억이라고 합니다.

제가 ADHD가 있고 건망증이 심하다고 하면 "그렇게 기억력이 나쁜데 어떻게 의대를 나왔냐"라며 의아해하는 사람이 많습니다. 그런데 의학 지식을 암기할 때 필요한 기억과 작업 기억은 상당히 다릅니다.

커다란 책장과 작은 화이트보드, 두 가지 저장 공간을 떠올려보세요. 일반적으로 말하는 기억력은 책장처럼 정보를 필요할 때 꺼내보기 위해 잘 보관해두는 장기 저장고입니다. 구구단, 영어 단어 뜻 같은 것이 이 책장에 차곡차곡 정리돼 있습니다.

반면, 작업 기억은 내장 화이트보드 같은 것입니다. 어떤 지시를 들으면 머릿속에 그 정보를 잠깐 메모해놓고 이를 조작하면서 작업을 하는 거죠. 작업 기억은 수학 문제 풀이나 독해, 준비물 챙기기, 시간 약속 기억하기처럼 정보를 잠시 유지하면서 처리해야 할 때 필요합니다.

순간순간 정보를 처리하는 작업 기억

작업 기억을 이해하기 위해 간단한 테스트를 해볼게요. 둘이 짝을 지어 한 사람은 다음 문제를 소리 내어 읽고, 다른 사람은 듣기만 한 채 풀어보세요. 이때 푸는 사람은 종이에 적거나 말로 하지 말고, 오직 머릿속으로만 생각해서 답을 해야 합니다.

- 문제: 다음 숫자를 작은 것부터 큰 것까지 순서대로 배열하세요. 59, 12, 6, 23, 74, 48
- 답: 6, 12, 23, 48, 59, 74

- 문제: 다음 3가지 행동 지시를 머릿속에 기억한 후, 순서대로 실행해보세요.
  1. 오른쪽 눈썹 만지기
  2. 왼손으로 책상 두 번 두드리기
  3. '바다'라고 외치기

어땠나요? 위 문제에 답할 때 정보를 머릿속에 잠시 붙잡고 실시간으로 처리하는 기능이 바로 작업 기억입니다.

ADHD 뇌, 화이트보드가 너무 작다

앞의 문제들을 풀어보면, 사람마다 그 능력에 차이를 보입니다. 어떤 사람은 숫자 4개까지는 되는데 5개부터 안 되고, 어떤 사람은 5개까지는 쉬운데 6개부터 어려울 수 있죠. 바로 작업 기억의 용량이 서로 다르기 때문입니다. 저에게는 이런 문제를 푸는 것이 무척 어렵습니다.

ADHD가 있는 아이들은 작업 기억이 다른 인지 능력에 비해 더 낮은 경우가 많습니다. "양치질하고, 물컵 헹구고, 수건 걸어둬"라고 지시하면, 양치질만 하고 나머지는 까맣게 잊어버리죠. 이것은 아이가 '귀를 닫고 있는 것'이 아니라, 작업 기억 용량이 작기 때문입니다. 쉽게 과부하가 와 복잡하거나 여러 단계가 있는 과제를 완수하는 것이 어렵습니다. 이런 경우 건망증이 흔히 나타나는데, 남편은 제가 '2초 기억'을 가졌다고 말할 정도입니다.

저는 전자레인지에 한약을 데운 후 꺼내는 걸 까먹어 구더기가 생긴 경험도 있고, 오븐을 켜놓고 3일 동안 끄지 않은 적도 있습니다. 이런 이유로 요리를 거의 하지 않고, 대신 남편 도시락은 꼭 싸주려고 노력합니다. 주로 냉동식품을 간식과 함께 넣어주죠.

한번은 저녁에 시켜 먹은 중국 음식 남은 것을 도시락으로 싸주었습니다. 그런데 점심시간에 남편에게서 문자가 왔습니다.

"내 중국 음식 어딨어?"

분명히 싸서 보냉 가방에 담아 냉장고에 넣어두었는데, 어떻게 된 걸까요?

알고 보니 중국 음식을 도시락 통에 넣은 다음 싱크대에 그냥 둔 것이었어요. 보냉 가방엔 과자와 음료만 넣은 거죠. 남편은 그날 점심은 못 먹고 간식만 먹었답니다.

남편은 제가 성공적으로 도시락을 싸는 확률이 50% 이하라고 합니다. 싸는 도중에 딴생각이 나서 다른 일을 할 확률 30%, 다 쌌는데 냉장고에 넣는 것을 잊어버릴 확률 20%, 완전히 까먹고 아예 안 쌀 확률 10%이랍니다.

성인인 저도 이러니 아이들이 여러 단계가 있는 일을 순서대로 완수하는 것은 더 힘들겠죠. 부모는 이런 아이가 걱정될 만도 합니다. 문제는 뇌 속의 화이트보드가 너무 작다는 것입니다.

일상 속 예시: 작은 화이트보드 문제

- 여러 단계 수행 어려움: "방 치우고, 숙제하고, 샤워해"라고

했는데 방만 치우고 다른 건 잊어버린다. "빵, 우유, 두부 사와"라고 했는데 빵만 들고 온다.
- 과제 미완성: 문제를 풀다가 "계산하다가 앞에 뭐였는지 까먹어요"라며 포기하거나 오답을 낸다.
- 문장의 흐름 놓침: 책을 읽다가 앞의 내용이 생각나지 않아, 여러 번 다시 읽는다.
- 대화 중 끼어들기: 상대방 말이 끝나기도 전에 자기 생각을 급하게 말한다.
- 건망증: 열쇠, 연필, 휴대폰이 어디 있는지 모른다. 부엌에 휴대폰을 찾으러 갔다가, 물병을 보고 물만 마시고 온다. 방에 돌아와서는 왜 부엌에 갔었는지 기억이 나지 않는다.

생존 전략: 외부 화이트보드를 이용하라

ADHD가 있는 아이들은 작업 기억 용량이 작다 보니, 중요한 것이 생각났는데 금방 잊어버릴 것 같은 불안이 있습니다. 그래서 남이 말하는 데 끼어들기도 하고, 생각난 것을 당장 해야 한다고 고집을 부리기도 합니다. 저도 이 불안이 있습니다. 여러분이 '2초 기억' 소유자라면 어떨지 상상해보세요.

이때, 외장 화이트보드를 쓰면 불안을 낮추어줄 수 있습니다.

"좀 있다가 잊어버릴까봐, 나중에 못하게 될까봐 걱정되나 보네. 지금 화이트보드에 메모해두자. 알람도 설정해서 꼭 기억하자."

저에게 한국에서의 인턴 시절은 고역이었습니다. 60명 넘는 환자들의 채혈, 드레싱, 검사 결과 확인 같은, 작업 기억을 요하는 업무가 수두룩했기 때문입니다. 잊어버리지 않으려고 노트에 열심히 메모해 주머니에 넣고 다녔습니다. 그런데 하루가 멀다 하고 그 노트를 잃어

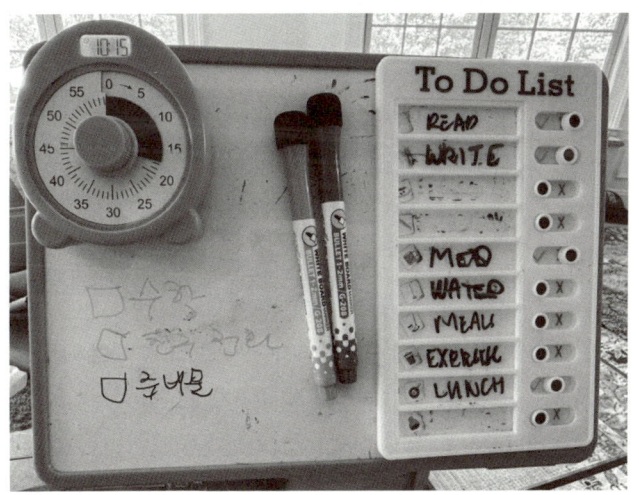

제가 사용하는 비주얼 타이머, 화이트보드, 해야 할 일 목록

버리는 거예요. 병원 곳곳을 찾아 헤매며 괴로워하던 기억이 생생합니다.

천만다행으로 제가 미국에 온 2001년쯤에 '팜 파일럿'이라는 휴대용 기기가 대중화되었고, 곧 스마트폰이 나왔습니다. 저는 이런 기술 발달의 최대 수혜자입니다. 저희 집에는 음성 비서 기기가 화장실을 포함한 거의 모든 공간에 있습니다.

작업 기억의 한계를 보완하려면, 손톱만 한 내장 화이트보드에 의존하기보다 외부 화이트보드를 쓰는 것이 낫습니다. 저는 중요한 일은 2중, 3중으로 알람을 걸어둡니다. 스마트폰에 알람을 설정하고, 음성 비서에 리마인더를 걸고, 책상 위 화이트보드에도 적어놓는 식이죠. 매일 약을 먹었는지, 강아지 밥을 챙겼는지조차 기억이 나지 않을 때가 많습니다. 심지어 점심을 먹었는지도 가물가물해, 배가 고프면 안 먹은 것이라 추측하곤 하죠. 그래서 꼭 해야 하는 일은 목록(To-do list)을 만들어, 마칠 때마다 하나씩 체크합니다.

외부 화이트보드를 활용하는 다양한 방법이 있는데, 여기에 제시된 모든 것을 사용해야 한다고 생각할 필요는 없습니다. 아이에게 맞을 것 같은 것을 시도해보고, 반응에 따라 적절하게 응용해보세요.

생존 전략:
루틴과 리추얼을 만들어라

저는 샤워를 하다가도 샴푸를 했는지 기억이 잘 안 나고, 화장을 하다가 한쪽 눈썹을 그리는 것을 까먹을 때도 있습니다. 그래서 늘 같은 순서로 샤워와 화장을 하려고 합니다. 이런 루틴이 습관이 되면 다른 생각을 해도 빠뜨리지 않고 할 수 있으니까요.

우리 뇌는 에너지를 최대한 아끼려 하는데, 새로운 결정을 내릴 때는 전전두피질에서 많은 에너지를 소모하게 됩니다. 그런데 루틴이 반복돼서 습관이 되면, 기저핵에서 거의 자동으로 실행하기 때문에 에너지가 별로 들지 않습니다. 과부하가 잘되는 ADHD 뇌에서 매번 '다음엔 뭘 해야 되지?'라고 고민하는 것보다, 루틴으로 습관을 만드는게 훨씬 효율적입니다(루틴표 73쪽 참고).

이와 더불어 '리추얼'을 만들어주면 좋습니다. 리추얼이란 우리말로 '의식'인데, 어떤 일에 의미나 감성을 연결해 반복하는 것을 말합니다. 예를 들어, 잠들기 전에 좋아하는 인형을 꼭 안고 그림책을 읽는다든지, 아침에 좋아하는 컵으로 따뜻한 우유를 마시는 것처럼요. 이런 리추얼은 심리적 안정감을 주고 다시 반복해서 하고 싶다는 동기를 올립니다.

루틴과 리추얼의 습관이 쌓이면 아이는 조금씩 더 스스로 기억하고 실행할 수 있게 됩니다. 물론 ADHD가 있는 아이가 습관을 형성하는 과정은 쉽지 않습니다. 색맹인 사람에게 유채화를 그리라고 한다거나, 음치인 사람에게 노래하라고 하는 것처럼요. 다른 아이들보다 훨씬 많은 반복이 필요할 수 있습니다.

아이가 계속 실수해서 답답함이 차오를 때, 심호흡으로 마음을 가다듬어보세요. 지금 아이에게는 "지금은 어렵지만 자꾸 연습하면 점점 더 잘할 수 있단다"라는 격려가 더 필요하니까요.

작업 기억 보완 실천법

- **화이트보드**: 책상 위나 벽에 두고 중요한 일을 기록
- **딴생각 노트**: 떠오른 생각을 적어둔 뒤, 하던 일을 멈추지 않고 마친 후 처리
  예) 숙제 중 → 화이트보드에 '준비물 전화' 적기 → 숙제 마치고 전화
- **루틴표·해야 할 일 목록**: 양치질, 책가방 싸기 등 매일 반복되는 일은 표로 만들고 완료 시 체크
- **알람·타이머**: 종료 시간 시각화(비주얼 타이머, 모래시계)
  예) 30분 후 나가기 → 30분 타이머 설정
- **캘린더**: 잘 보이는 곳에 두고 약속·기한을 즉시 표시
- **메모**: 포스트잇·메모·수첩·자신에게 문자 보내기 등, 떠오른 것을 즉시 기록
- **음성 비서·보이스 메모**: '매주 수요일 6시, 체육복'처럼 반복 알림

> **설정**
> - **한 번에 한 가지 지시:** "가방에 물통 넣어" → 완료 후 "노트 넣었어?"
> - **반복 확인:** "지금 뭐 해야 하는지 말해볼래?" 하며 재확인
> - **휴식 시간:** '25분 집중 후 5분 휴식'처럼 뇌를 비우는 시간 확보

✨ 단점이 장점이 되는 마법: 망각의 선물

작업 기억의 한계는 저도 자주 좌절을 느끼는 부분이고, 남편이 가장 힘들어하는 부분이기도 합니다. 남편이 챙겨줘야 할 때도 많으니까요. 단점 가득한 '기억을 잘 못한다'는 데에 도대체 강점이 있을까요?

가까운 사람과 다투거나 누군가에게 서운한 말을 들었을 때를 생각해보세요. 그 순간의 속상한 감정이나 대화 내용을 곱씹으며 계속 괴로워해본 적 있나요? 작업 기억 용량이 작은 사람은 불쾌했던 기억이 비교적 빨리 흐려집니다.(개인차가 있고, ADHD가 있는 사람 중에 감정 조절의 어려움으로 불쾌한 감정을 더 강하게 느끼는 사람도 있습니다.)

'2초 기억'을 가진 저는 어지간한 일은 곱씹을 틈도 없이 잊어버

럽니다. 남편과 싸우거나 누가 속상한 말을 해도, 조금만 지나도 왜 싸웠는지, 왜 기분 나빴는지가 가물가물합니다. 부정적인 감정이나 경험을 빠르게 흘려보내는 특별한 능력이죠.

지나간 잘못을 쉽게 잊고 새 출발을 더 잘할 수도 있습니다. 기존의 틀에 박힌 사고나 선입견에도 영향을 덜 받아서, 새로운 사람이나 상황을 열린 마음으로 대할 수 있고요. 문제를 해결해야 할 때도 지난 정보는 잘 기억나지 않아 직관과 새로운 아이디어에 더 의지하게 됩니다. 그러다 보니 생각지도 못한 혁신적인 해결책이 떠오르기도 해요.

어때요, 이 정도면 망각이 주는 선물이 부러울 정도 아닌가요!

어린이 루틴표

일상에서 반복하는 일들을 루틴으로 만들어 붙여두세요. 하나의 활동을 마칠 때마다 아이가 직접 체크하거나 스티커를 붙이게 해보세요. 체크하는 재미가 있어 동기부여도 됩니다. 아이가 스스로 하게 되면 부모와의 실랑이도 줄어듭니다. 아래 QR 코드를 통해 컬러 루틴표를 다운로드 받을 수 있습니다.

뇌과학을 이해하면 해법이 보인다

소지품 간수,
정리를 못 하고 어지르기만 해요

ㅠㅠ 오해: 신경 쓰지 않아서 물건을 분실한다
^^ 진실: 정리와 조직화가 어렵다

나영이는 매일 8교시 시간표에 맞춰 책가방을 싸는 일이 너무 어려웠습니다. 책 여덟 권을 다 준비하지 못해 짝꿍의 교과서를 같이 보기 일쑤였죠. 학생용 사물함이 없을 때인데, 선생님께서 사물함을 하나 구해다 주셨습니다.

"나영이는 책을 늘 안 가져오니, 학교에 책을 두고 다녀라."

"가방이 없어졌어요!"
"숙제를 했는데 어디 있는지 모르겠어요."
이런 상황은 아이에게 실망과 좌절을, 부모에게는 스트레스를 줍니다. "또 잃어버렸어? 왜 이렇게 덜렁대니?"라는 말이 쉽게 나오죠. 하지만, 이는 아이가 신경을 쓰지 않아서가 아니라 조직화(Organization) 능력이 부족하기 때문입니다.

　실행 기능 중 하나인 조직화는, 물건, 과제 또는 시공간을 사용하기 쉽게 체계적으로 정리하는 능력입니다. 소지품 관리는 고도의 조직화 기술을 필요로 합니다. 보관 장소를 정하고, 일관되게 두며, 필요할 때 그 위치를 기억해야 하니까요.

　저는 한 여름에 수영복을 네 번이나 잃어버리기도 했고요. 친구들이 "나영이가 밥 사준다고 하면, 지갑이 있는지부터 확인해라"고 했었어요. 식사 끝나고 지갑이 없는 것을 알아차리곤 했으니까요. 안경은 10개나 있는데, 쓰려고 하면 어딜 갔는지 안 보입니다. 미스테리예요. 전자레인지 안에서 안경을 찾은 적도 있으니까요.

　남편은 이런 저를 보고, "신경을 안 쓰니까 잃어버리지. 좀 잘 챙겨"라고 나무랬죠.

　저는 한국 가면서 휴대폰과 지갑을 미국에 놓고 가고, 공항에서 노트북을 놓고 비행기에 타고, 이집트에 포스터 발표를 하러 가면서 포스터를 뉴욕 공항에 놓고 가기도 했습니다. 제가 그런 것들을 중요하게 여기지 않아서 그런 걸까요?

　ADHD가 있는 아이가 소지품을 자주 잃어버리는 이유는 소홀함이나 무관심 때문이 아닙니다. 조직화 능력과 작업 기억의 부족이 결합된 결과입니다. 물건의 위치 정보가 쉽게 잊히고, 주의가 빼앗기는 사이 엉뚱한 곳에 두기도 합니다. 이 모든 요인이 겹쳐 잦은 분실로 이어지는 것입니다.

일상 속 예시: 소지품 분실

- 책, 장난감, 학용품이 제자리에 있지 않고 엉뚱한 곳에 흩어져 있다.
- 교과서, 도시락 가방, 체육복 등이 학교와 집 사이에서 자주 사라진다.
- 안경, 가방, 겉옷 같은 필수품을 자주 잃어버린다.
- "방금까지 손에 들고 있었는데…"라는 말을 자주 한다.

공간을 정리정돈하는 데도 조직화 능력이 필수입니다. ADHD가 있는 아이가 쓰는 공간은 회오리 바람이 지나간 듯할 때가 많죠.

저 역시 정리정돈은 늘 어려운 과제였습니다. 가방 안에는 구겨진 종이와 과자 부스러기 등 정체불명의 물건들이 가득해서 거의 쓰레기통을 방불케 합니다. 사무실 겸 진료실이 늘 어질러져 있어 상사가 "사무실 좀 정리해보라"고 말할 정도였어요. 이러니 정작 필요한 물건은 더 찾기 힘들어집니다.

일상 속 예시: 정리정돈의 어려움
- 책상 위에 색연필, 책, 가위, 과자봉지 등이 질서 없이 쌓여 있다.
- 사용 후 정리를 하지 않아서 옷, 장난감, 책 등이 바닥에 뒤섞여 있다.
- 공책이나 프린트를 책가방에 아무렇게나 구겨 넣어 손상되거나 필요할 때 찾을 수 없다.

생존 전략:
각방 요법 – 물건도 자기만의 '방'이 필요하다

이러한 물건 분실을 줄이기 위해서는, 부족한 조직화 능력을 보완해야 합니다. 중요한 물건마다 언제나 돌아갈 '방'을 마련해주면 조직화를 도울 수 있는데, 이것을 '각방 요법'이라고 합니다.

각방 요법을 하기 전에, 먼저 간수해야 할 물건의 수를 대폭 줄여야 합니다. 물건이 많을수록 관리 난이도는 기하급수적으로 올라갑니다. 아이에게 책가방, 도시락 가방, 외투, 3가지만 간수하라고 해도 버겁습니다. 저는 휴대폰, 지갑, 안경만 챙기는 것도 쉽지 않습니다. '적을수록 더 낫다(Less is more)'는 걸 명심하고, 꼭 필요한 것만 두고 나머지는 다 내려놓으세요.

저는 마른 빨래를 꺼내면 그대로 세탁실 바닥에 방치하곤 했습니다. 바로 옆이 안방이라 벽 하나만 넘어가면 서랍이 있는데, 그것마저 번거롭게 느껴졌죠. 그래서 해결책을 생각했습니다. 세탁기 바로 옆에 서랍을 두고, 빨래를 꺼내어 바로 넣을 수 있게 했어요. 이렇게 동선을 대폭 줄이니 정리가 훨씬 쉬워졌습니다.

각방 요법을 할 때, 정리 과정이 조금만 번거로워도 실행 확률이 급격히 떨어집니다. 거의 엉덩이를 떼지 않고도 정리할 수 있을 정도로 간단하고 쉬운 시스템을 설계해보세요. 예를 들어, 아이에게 신발장 가장 아랫칸을 주어, 신발을 손으로 들 필요 없이 거의 발로 차 넣어도 정리가 되게 합니다.

효율적인 정리 시스템을 한번 만들어놓으면 생활이 수월해지고, 분실로 인한 좌절과 비난의 악순환에서도 벗어날 수 있습니다. 그런데, 시행착오를 거쳐 정리 시스템을 구축하는 데 시간이 꽤 걸릴 수도 있습니다. 저도 40대에 겨우 익히기 시작해, 쉰이 다 된 지금도 연습 중입니다. 아이에게 과도한 압박을 주기보다, 격려하면서 연습하다 보면 스스로 정리의 장점을 알게 될 거예요.

"토마스 열차를 가지고 놀고 싶을 때 못 찾겠으니까 참 속상하다, 그렇지? 여기 바구니에 토마스 방을 만들어서, 가지고 놀고 나서는 항상 자기 방에 넣어주면 어떨까?"

아이에게 완벽을 바라면 속이 시커멓게 타 들어갈 수 있습니다. 50%만 해도 아주 잘했다고 칭찬해주세요. 0%보다는 엄청난 발전이니까요. "아직 까먹을 수 있지만, 계속 연습하면 점점 더 잘하게 될 거야"라는 식으로 긍정적인 피드백을 주세요.

부모가 완벽주의 성향이 있거나, 정리정돈과 청결을 중요하게 여길수록 ADHD가 있는 자녀와의 갈등 가능성이 높아집니다. 아동기에는 부모가 시스템과 루틴을 잡는 것을 도와주고, 청소년이 되면 자신의 방은 스스로 관리하도록 해주세요. 청소년 자녀의 개인 공간에 대한 잔소리는 효과 없이 갈등만 일으키기 쉽습니다. 거실, 부엌, 화장실처럼 가족이 함께 쓰는 공간은 가족이 함께 정리 규칙을 정해 모두가 지키도록 해보세요.

각방 요법 실천법

- **핵심 물건의 '방' 만들기**
  - 열쇠 → 문 옆 그릇이나 고리
  - 준비물 → '내일 가져갈 것' 바구니
  - 가방 → 책상 옆 고리
- **시각적 구분**
  - 색 테이프·라벨·사진·그림으로 무슨 물건의 방인지 표시
  - 내용물이 보이는 투명 보관함 활용
- **최소 동선 원칙**
  - 옷걸이·신발장·쓰레기통 등을 사용하는 곳 바로 옆에 두기
  - 쓰레기통은 필요한 곳마다 배치
- **아이와 함께 만들기**
  - "가방을 어디에 두면 좋을까? 이 고리에 걸까, 상자를 둘까?"
  - 아이 의견이 반영되면 실제 사용률이 높아짐

 단점이 장점이 되는 마법:
   혼란 속에서 돋보이는 뛰어난 적응력

정리정돈이 잘 안되고 물건을 자주 분실한다는 것에도 강점이 있을까요? 전혀 없을 것 같죠?

여러분이 살면서 직장이나 사회에서 내가 원하는 대로 환경이 잘 정리돼 있던 적이 얼마나 있던가요? 아마 그렇지 않을 때가 더 많을 거예요. 그럼 내 마음처럼 정리되지 않는 환경에서, 항상 정리를 잘하는 사람과 늘 어수선한 사람 중 누가 더 적응을 잘할까요? 누가 더 힘들어할까요?

외상외과 의사 이국종 교수가 자신의 사무실을 소개하는 영상을 본 적이 있는데, 마치 제 사무실을 보는 것 같았습니다. 책상과 바닥에 책과 장비 등, 물건들이 수북하게 쌓여 있었어요(오른쪽 QR 코드 참고).

만약, 외상외과 의사가 완벽히 정리된 환경에서만 실력을 발휘할 수 있다면 어떨까요? 헬리콥터에서 줄을 타고 내려 절벽에서 다친 사람을 구조하는 장면을 상상해보세요. 열악한 환경에도 빠르게 적응해서 능력을 발휘해야 하겠죠. (물론 이국종 교수가 산만하다거나 ADHD가 있다는 것은 전혀 아닙니다. 꼭 정리정돈을 잘해야만 자신의 역할을 잘하는 건 아니라는 예일 뿐입니다.)

저도 늘 어수선한 환경에 익숙하다 보니, 어떤 상황에서도 크게 불편해하거나 스트레스를 받지 않습니다. 에베레스트 베이스 캠프(해발 5364m)에 등반했을 때는, 저도 큰 감내가 필요했어요. 고산병에 시달리는 데다 난방도 안 되는 헛간 같은 데서 자고, 일주일에 한 번 정도 겨우 씻을 수 있었으니까요. 분뇨가 넘치는 재래식 화장실이 최고 난관이었지만, 잘 적응해가며 등반을 완주했습니다. 정리정돈과 깔끔함이 중요한 사람이었다면 거의 불가능했겠죠

〈저의 집과 책상 풍경〉

분실이 잦아 필요한 물품이 없는 경험을 자주 하다 보니 '이래도 괜찮고 저래도 괜찮다'는 수용과 초월의 자세도 습득하게 됐습니다. 소지품이 없다고, 숙제를 제출하지 않았다고 인생이 망하는 것이 아니란 걸 알게 됐죠. 덕분에 회복탄력성도 높아졌고 타인의 실수에 너그러워졌어요.

중요한 물품이 없는 위기를 자주 경험하다 보니, 위기 대처 능력도 향상됩니다. 저는 '문제가 있으면 답도 있다'고 생각합니다. 남편은 그런 저를 '문제유발자 겸 해결사'라고 부릅니다.

영주권을 안 챙기고 해외에 나갔다가 불법 입국자가 될 뻔하고, 지갑 없이 여행 갔다가 노숙할 뻔했을 때처럼 저에게는 많은 일화가 있어요. 저는 어지간하면 당황하지 않고 답을 찾아갑니다. '하늘이 무너져도 솟아날 구멍이 있다'는 경험을 수도 없이 했으니까요.

이런 자세는 치료가 어려운 환자를 볼 때도 유용했습니다. 답이 없어 보여도 포기하지 않고 끝까지 해결책을 구했으니까요. 이유 없이 갑자기 악화된 환자를 의뢰받았을 때는, 수년간의 의료 기록을 샅샅이 뒤져 치료의 단서를 찾아냈습니다. 환자에게 필요한 거라면 학교와 구청, 스쿨버스 회사에까지 전화해서 문제 해결의 실마리를 풀었고요. 동료 의사들이 "와, 그렇게까지 하는 건 처음 봤어요"라고 말할 정도였습니다.

동료들이 차차 답이 잘 보이지 않는 환자를 저에게 의뢰하기 시작했습니다. 저는 미팅도 잘 잊어버리고 실수도 잦았지만, 어려운 케이스를 잘 풀어내는 사람으로 자리 잡아갔습니다.

물론 정리정돈하고 소지품을 잘 간수하는 것은 누구에게나 필요하고, 저도 계속 훈련하고 있습니다. 그렇지만 그게 잘 안 된다고 해서, 그 삶에 부정적인 면만 있는 것은 아닙니다. 그것 때문에 서로 비난하고 싸울 만큼, 삶에서 중요한 건 아니라는 것도 배웠습니다. 다행히 남편도 그런 생각이 차츰 드는지 이제는 그런 일로 역정을 내는 일은 없습니다. 서로를 있는 그대로 수용하고 사랑하기로 마음먹은 것이죠. 서로 갖고 있는 장점과 강점에 더 집중하기로 다짐했답니다.

왜 이렇게 시간관념이 없을까요?

ㅠㅠ 오해: 시간관념이 없다
^^ 진실: 내부 시계가 고장났다

얼마 전에 세금 신고가 있었는데, 제가 할 부분을 마지막 순간까지 미루다가 벼락치기로 간신히 마칠 수 있었습니다. 남편은 한두 달 전에 이미 자기가 파트를 마쳤는데 말이죠.

저는 일을 하다가 '15분 후 미팅' 알림이 뜨면 하던 일을 빨리 마치고 가야지 하다가 정신을 차리면 이미 미팅에 늦습니다. 레지던트 시절에는 강의를 자주 놓쳤고, 교수 시절에도 미팅에 늦어 상사가 "미팅에 오고 있나요?"라고 문자를 보내줬습니다. 다 소아정신과 의사들이어서 ADHD가 있는 저를 이해해준 거죠. 다른 직장이었다면 무책임하고 시간관념 없는 사람으로 오해받아 해고당했을지도 모릅니다.

ADHD가 있는 아이는 어떤 일을 하는 데 걸리는 시간을 과소평가하는 경향이 있습니다. 예를 들어, 방 정리를 15분이면 끝낼 수 있다고 생각하지만 실제로는 한 시간이 걸립니다. 숙제도 "저녁 먹고 한 시간만 하면 돼"라고 넘겼다가 결국 새벽까지 하게 되죠. 중요한 일을 미루다 벼락치기를 하거나 마감에 맞추지 못해 책임감 없고 게으르게 보이기 쉽습니다.

시간을 감지하고 관리하는 능력은 목표를 추구하는 실행 기능의 중요한 부분입니다. 전전두피질은 미래를 예측하며 시간 감각을 형성해 계획을 세웁니다. 마치 내부 시계가 있는 것처럼 과거, 현재, 미래를 '10분 전', '이틀 후', '한달 후' 같이 구체적으로 떠올릴 수 있죠. '다음 주 시험을 잘 보려면 언제부터 공부해야 하지?', '지금 게임을 하면 너무 재밌지만, 나중에 혼날지도 몰라'처럼, 미래로 자신을 투영하는 '정신적 시간 여행'도 가능합니다.

하지만 ADHD가 있는 아이는 전전두피질이 미숙해 내부 시계가 고장 난 것처럼 시간 감지가 어렵습니다. 이를 '타임 블라인드니스(Time blindness)', 즉 '시맹(時盲)'이라고 합니다. 마치 색맹이 색을 잘 구분하지 못하듯 시맹은 시간의 흐름을 추정하고 관리하는 것이 힘듭니다.

그러다 보니 시간을 '지금(Now)'과 '나중(Not-now)' 정도로 단순하게 구분해, 지금이 아니면 내일이든 한 달 후든 모두 멀게만 느껴집니다. 이로 인해 미래 시간이 잘 안 보이는 '시간 근시(Temporal myopia)' 현상이 생겨 미래를 상상하기가 어렵습니다. 그 결과 순간적인 충동에 휘둘리기 쉽고, 장기 목표를 꾸준히 이어가기 힘듭니다. 중요한 일을 '나중에' 하겠다고 미루면, 그 '나중'은 오지 않거나 잊힙니다.

일상 속 예시 : 시맹으로 인한 어려움

- 과제 미루기
    - "좀 있다 할게"라며 미루다 결국 전혀 안 하게 된다.
- 준비 시간 과소평가로 인한 지각, 마감 실패
    - "5분이면 돼"라고 생각하지만 실제로는 30분이 걸린다.
    - 과제 제출이나 시험공부를 몰아서 하려다 마치지 못한다.
- 미래 계획의 어려움
    - 미리 준비하지 못해 마지막에 당황한다.
    - "체육복이 없어! 어제 빨았어야 했는데…"; "내일 발표인데 아직 내용을 못 외웠어."
- 즉각적 만족 추구
    - "숙제는 나중에 할래!" 하며 게임이나 재미있는 활동부터 시작한다.

생존 전략:
시간을 눈에 보이게 하라

시간의 흐름을 느끼고 예측하는 것을 도와주기 위해서는 시간을 잘 '보이게' 하는 것이 핵심입니다. 시간을 추상적인 개념이 아닌 보이거나 만질 수 있는 정보로 바꾸어주는 다양한 도구가 있습니다. 비주얼 타이머나 타이머 앱, 모래시계, 하루 일정표, 주간 플래너, 캘린더 등이죠.

"엄마가 장 보고 30분 후에 올게"라고 말만 하는 대신, 시계나 타이머를 사용해 그 30분을 눈으로 확인하게 해보세요. 비주얼 타이머는 남은 시간이 줄어드는 것을 디스크나 막대가 작아지는 것으로 확인할 수 있습니다.

타이머는 사용법이 간단해서 아이가 스스로 조작할 수 있는 것으로 준비하세요. 모래시계의 경우에는 아이가 만지고 뒤집는 것에 재미를 느끼기도 합니다. 다만 깨질 우려가 있으므로 유리가 아닌 플라스틱 제품을 추천합니다. '책가방 챙기기 15분', '게임 30분', '숙제 30분'처럼 비주얼 타이머나 모래시계를 이용해 시간 관리를 가르칠 수 있습니다.

저도 비주얼 타이머를 30분씩 돌려놓고 일을 하고, 타이머가 울릴 때마다 5분 정도 화장실에 가거나 간식을 먹습니다. 이와 유사하게 25분 일하고 5분 쉬는 것을 반복하는 것이 '포모도로 기법(Pomodoro technique)'입니다. 4번을 반복하고 나서는 15~30분 정도의 긴 휴식을 취하는 것이 한 사이클이죠.

꼭 이와 같지 않더라도 적합한 시간 간격으로 일과 휴식을 반복할 수 있습니다. 한 TV 프로그램에서 보았는데 배우 이세희 씨도 옷 갈아입기, 머리 감기 등 일상에서도 비주얼 타이머를 쓰며 시간을 관리하더군요. 저는 긴 휴식을 할 때도 타이머를 돌려놓습니다. 시간 가는 줄 모르고 몇 시간씩 영상을 시청한다거나 딴짓을 하는 것을 방지할 수 있거든요.

소요 시간을 과소평가하는 것에 대비해, '버퍼 타임(Buffer time)'을 두는 습관을 들입니다. 버퍼 타임은 예상보다 일이 오래 걸리거나 돌발 상황이 생길 때를 대비해, 여유 시간을 두는 것입니다. 예를 들어, 30분 걸릴 것 같다면 일정에는 두 배인 한 시간을 잡아놓는 것이죠.

"15분 만에 끝낼 것 같았는데 잘 안 되지? 엄마도 생각보다 훨씬 더 오래 걸리더라고. 다음에는 15분 만에 할 수 있을 것 같으면 한 30분을 줘보자."

아이가 하루 일정을 스스로 생각해보도록 하는 것도 도움이 됩니다. 스스로 일정표를 확인하면서 시계와 타이머를 보고 과제를 시작하고 끝낼 시간을 인식하게 도와주세요. 이런 연습을 반복하다 보면 점차 시간 감각을 체득하고 시간 관리 능력을 키울 수 있습니다.

"쉽지 않지? 처음엔 좀 어렵지만, 자꾸 연습하면 좀 더 쉬워질 거야. 그러면 네가 가고 싶은 곳에 늦지 않게 가게 되고, 친구들도 불편하지 않고, 좋은 점이 많아."

이렇게 도와주면, 아이 스스로도 '나는 시간이 얼마나 걸릴지 감을 잡는 것이 아직 어렵구나. 연습해야지'라고 깨우치고, 훈련에 수긍할 수 있습니다.

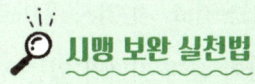

시맹 보완 실천법

- **타이머:** 큰 디지털 타이머, 비주얼 타이머, 모래시계, 타이머 앱 등을 이용해 시간을 시각화
- **캘린더 및 플래너:** 하루, 주간, 월간 스케줄을 눈에 띄는 곳에 두고 일정을 자주 확인
- **루틴표:** 등교 준비, 숙제 시간 등 꼭 해야 하는 일은 표를 만들어 완료 후 체크 (루틴표 73쪽 참고)
- **알람 설정:** 알람과 리마인더 앱에 중요한 일은 알람이 여러 번 울리도록 설정
- **버퍼 타임:** 모든 활동에 예상보다 두 배 정도의 시간을 할당

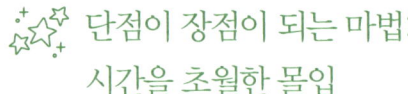 단점이 장점이 되는 마법: 시간을 초월한 몰입

시맹은 ADHD의 대표적인 어려움이지만, 역설적으로 숨은 잠재력을 푸는 열쇠가 되기도 합니다. 좋아하는 일을 만나면 시간의 굴레에서 벗어나 한없이 빠져들 수 있기 때문입니다. 이것이 바로 창의성과 생산성이 증폭한다는 '몰입(Flow)' 상태입니다.

몰입 이론 창시자인 미하이 칙센트미하이(Mihaly Csikszentmihalyi)는 몰입은 시간이 왜곡되고 자기 의식이 줄어드는 상태라 했습니다. 카지노에 시계와 창문이 없다는 걸 아세요? 시간이 가는지, 해가 뜨고 지는지도 모르고 오롯이 게임에만 몰입하도록 설계된 것입니다. 시맹은 이런 몰입 환경을 자연스럽게 만들어내는 거죠. 저 역시 흥미로운 연구나 글쓰기에 몰입하면, 어느새 몇 시간이 훌쩍 지나가 있는 경험을 합니다.

시맹은 뜻밖에 현재 중심적인 삶을 가져다주기도 합니다. 과거는 기억에서 쉽게 지워지고, 미래를 상상하기는 어려우니, 오히려 '지금 여기'에 충실할 수 있는 거죠.

"연인과 함께 있는 한 시간은 1분 같고, 뜨거운 난로에 앉아 있는 1분은 한 시간 같다."

아인슈타인의 이 표현처럼, ADHD가 있는 사람들은 시간의 상대성을 늘 경험합니다. 지루한 일을 할 때는 10분이 한 시간 같고, 흥미로운 일을 할 때는 세 시간이 30분처럼 흘러가니까요.

　이처럼 시맹은 단순한 결핍이 아니라, 현재의 순간에 깊이 집중하고 몰입하게 하는 특별한 통로가 될 수 있습니다. 시간관념 없어 보이는 아이는, 그 안에서 시간에 구애받지 않고 자기만의 방식으로 놀라운 발견이나 성장을 이루고 있을지도 모른답니다.

조심성이 없어서 조마조마해요

ㅠㅠ 오해: 일부러 문제를 일으킨다
^^ 진실: 뇌의 브레이크가 약하다

나영이는 조심성이 부족해 늘 엄마의 마음을 졸였습니다. 신호등이 바뀌자마자 뛰어나가 차에 치일 뻔하고, 높은 곳에 올라가 뛰어내리기를 즐겨서 온몸에 멍과 상처가 끊이지 않았습니다. "들어가지 마시오", "올라가지 마세요" 같은 푯말은 오히려 유혹이 되곤 했습니다.

일상 도구로 문제를 기발하게 해결하는 '맥가이버'와 모험적인 고고학자 '인디아나 존스'를 동경해서 '맥가이버 칼'과 라이터를 주머니에 넣고 다녔어요. 집 책상은 칼로 조각한 자국으로 가득했고, 피리를 만들겠다고 나무를 깎다가 크게 베어 손가락 끝을 날릴 뻔하기도 했습니다.

섬세한 동작이나 균형 잡기가 서툴러 늘 넘어지고 부딪히기 일쑤

였고, 악필에다 음식을 자주 흘리며 물건도 곧잘 떨어뜨렸습니다. "나영이는 손이 무기다"라는 말이 따라붙었죠. 그릇, 컵, 거울, 유리 테이블은 물론이고 컴퓨터까지 부수곤 했어요. 이런 아이가 있다면 유리 제품이나 비싼 물건은 애초에 없는 게 마음 편합니다.

자신의 생각, 감정, 행동을 상황에 맞게 조절하는 자기조절력은 실행 기능 중 하나로, 우리가 목표를 달성하려 할 때 꼭 필요한 능력입니다. 감정을 조절하고 충동을 억제(Inhibition)하는 능력이 우리가 이성적 판단을 할 수 있도록 도와주기 때문이죠.

'지금 아이스크림 한 통을 다 먹고 싶은데 두 스푼만 먹는다', '저 친구를 밀치고 장난감을 가져오고 싶은 것을 참는다' 같은 자기조절력은 아이들의 주요 발달 과제입니다. 두 살짜리 아이는 속상함, 슬픔, 억울함 같은 불편한 감정이 생기면, 바로 울고불고 땅바닥에 드러누울 수 있습니다. 그러다 만 3~5세부터 실행 기능이 점차 발달하면서 자기조절력이 키워집니다.

자기조절력의 중추인 전전두피질은 뇌 영역 중에 가장 늦게까지 성숙해서, 20대 중후반까지 계속 발달합니다. 아이들은 전전두피질이 아직 '덜 익은' 상태라서 자기조절이 어려울 수밖에 없죠.

ADHD 뇌에서는 전전두피질 성숙이 지연되어 자기조절력이 나이에 비해 더디게 발달합니다. 그러다 보니 어떤 결과가 일어날지 고려하지 않고 충동적으로 행동하기 쉽죠. 수업 중에 자리에서 일어나거나, 놀이 중에 규칙을 어기고 마음대로 하는 것처럼, 브레이크가 없는 것 같은 행동이 나오기도 합니다. 운동을 조절하는 소뇌 부위가 미숙해 균형 감각과 섬세한 운동 조절도 어렵습니다.

또한 ADHD가 있는 아이들은 위험에 대한 감각이 둔감한 경우가 많습니다. 날카로운 칼 같은 위험한 도구를 만지려 하거나 고층 아파트 난간에 몸을 내미는 등 아찔한 행동을 보이기도 하죠. 부모 입장에서는 가슴을 쓸어내리는 일입니다.

저는 어른이 되어서도 자주 사고를 칩니다. 행글라이딩을 하다 떨어져 다리 전체가 멍들고, 히말라야 등반을 갔다 발목이 부러지기도 하고, 오염된 물을 마시고 기생충에 감염되기도 했고요. 성게 밭에 맨발로 들어갔다 온 발이 찔리고, 비치발리볼을 하다 부딪혀 이마를 열두 바늘이나 꿰매기도 했어요.

실제로, ADHD 아동이나 성인에서 사고가 일어나는 빈도는 ADHD가 없는 사람의 경우보다 높습니다. 다행히, 다각적인 개입과 치료를 받으면 이런 위험이 줄어드는 것으로 보입니다.

일상 속 예시 : 충동 조절, 감정 조절의 어려움

- 앞뒤 생각 없이 행동이 튀어나온다.
    - 친구가 장난감을 가져갔다고 바로 친구를 밀치거나 때린다.
- 차례를 기다리지 못한다.
    - 놀이공원 줄에서 새치기를 하거나, 앞사람을 밀치고 들어간다.
- 규칙을 알고 있어도 순간적으로 위반한다.
    - 집에서 공을 차면 안 된다는 걸 알면서도 순간 신나서 공을 찬다.
- 위험한 행동의 결과를 예측하지 못한다.
    - 계단이나 난간에서 장난친다. 깊은 계곡 물에 뛰어든다.
- 작은 일로 화가 불쑥 나고, 진정이 어렵다.
    - "안 돼", "그만해" 같은 말에 감정적으로 과하게 반응한다.

생존 전략 : 브레이크 훈련을 하라

충동성과 자기조절의 어려움은 안전 문제나 관계에서 갈등을 일으킬 수 있어, 특히 많은 훈련이 필요합니다.

ADHD가 있는 아이들은 원하는 대로 되지 않으면 생떼를 쓰는 경우도 흔합니다. 이런 상황이 예상될 때는, 사전에 아이에게 규칙을 알려주도록 합니다. 이것을 OT(오리엔테이션) 요법이라고 하는데, 『세상에서 가장 쉬운 본질육아』 193~203쪽에도 자세히 나와 있습니다.

예를 들어, 마트에 가는데 아이가 장난감을 사달라고 떼쓸 것이 뻔하다면, 미리 규칙을 예고합니다.

"오늘은 간식 2개를 살 수 있어. 장난감은 살 수 없어. 떼를 쓰면 마트에서 나와야 해."

집을 나서기 전과 가게에 들어가기 전에도 이 점을 상기해주고, 아이 스스로 말해보라고 해서 숙지시킵니다.

그런데 현실적으로는 예기치 못한 상황이 더 많겠죠. 이런 때를 대비해 평소에 감정과 충동 조절에 도움이 되는 기법들을 익혀놓으면 평생 쓸 수 있는 유용한 도구가 될 수 있습니다. 그중에서도 호흡과 명상은 이완을 유도하는 효과적인 방법으로 강력히 추천합니다. 부모와 아이가 함께 하면 더 좋습니다.

감정과 충동을 조절하는 브레이크 훈련의 핵심은 평소의 반복된 연습입니다. 이미 화가 폭발한 순간에는 "심호흡하자"가 잘 통하지 않기 때문이죠. 미리 연습해두면 화가 오르기 시작할 때 바로 적용할 수 있습니다. "다음에 화가 날 땐 심호흡을 다섯 번 천천히 해보자",

"진정 코너에 갈래, 스트레스 볼 주물러볼래?"처럼 선택지를 주면, 자신이 결정했기 때문에 더 잘 실행합니다.

감정 조절의 첫 단계는 자신의 감정을 알아차리는 것입니다. 103쪽에 나오는 감정 온도계와 감정 하트를 활용해 감정을 알아차리고 표현하고, 조절하는 훈련을 꾸준히 도와주세요. 몸의 감각, 표정 등을 통해 감정을 알아차리고 표현하는 연습은 자신뿐 아니라 상대를 이해하는 데도 도움이 되어 사회성 향상에도 기여합니다. '진정 코너'처럼 부정적인 감정이 생길 때 갈 수 있는 차분한 공간이 있으면 좋습니다. 거기에 바람개비나 비누방울을 두고 불면 심호흡이 되고, 잔잔한 동요 같은 배경음악을 틀어놓는 것도 좋고요.

작은 성공을 이뤘을 때 "와, 줄이 긴데 차분하게 잘 기다렸네. 인내심이 많이 자랐네!"처럼 긍정적인 피드백을 주는 것이 중요합니다. 잘 못했을 때는 "아직 어렵지? 계속 연습하면 점점 쉬워질 거야"라고 격려해주면 아이도 좌절하지 않고 브레이크 훈련을 이어갈 거예요.

아이의 자기조절력은 한 번의 훈육으로 길러지지 않습니다. 꾸준한 훈련을 통해 감정을 알아차리고, 조절하고, 대안을 선택하는 힘을 키워야 합니다.

잘못된 행동을 훈육할 때는 '감정은 인정, 행동은 교정'의 원리로, '공감 → 규칙 → 대안'의 순서를 따라가면 도움이 됩니다. 이런 훈육의 원칙은 Part 4에서 자세히 다룹니다.

"친구가 레고를 무너뜨려 화가 났구나. 그래도 친구를 때리는 건 안돼. 그럴 때는 '조심해!'라고 말로 알려주면 돼."

아이의 충동적인 행동이 반복될 때는 화가 나기도 하지만, 먼저 심호흡을 하고 부모 자신의 전전두피질을 활성화해보세요. "엄마가 화난 건 네가 미워서가 아니라 규칙과 안전이 중요해서야"라고 말해주는 것도 좋습니다.

아이의 자기조절력이 또래에 비해 70% 수준일 수 있지만, 이는 30%만 성장하면 잘할 수 있다는 뜻이기도 합니다. 시간이 필요한 훈련이니, 아이와 함께 부모도 인내심을 기르며 성장하는 과정으로 받아들이면 좋습니다.

 브레이크 훈련, 아이에게 이렇게 설명해주세요

다음은 아이에게 자기조절의 어려움을 설명할 때 활용할 수 있는 예시입니다. 아이가 좋아하는 활동에 비유하면 이해하기도 쉽고, 동기부여도 됩니다.

자동차에 비유하기

"나영이는 생각과 행동이 빠른 멋진 자동차 같은 아이야. 그런데 가끔 너무 빨라서 브레이크가 잘 안 잡힐 때가 있지. 엄마랑 같이 브레이크 성능어보자. 그럼 자동차를 잘 조절해서 네가 하고 싶은 일을 더 잘할 수 있을 거야."

기차에 비유하기

"토마스는 아주 에너지가 넘치는 정말 멋진 기관차잖아. 그런데, 토마스가 너무 빨리 달리거나 자기 마음대로 움직인다면 어떤 일이 일어날까? 위험하고 사고도 날 수 있어. 그래서 철로를 꼭 따라가고 신호등을 지켜야 한단다.

학교에서는 선생님이 신호등, 규칙이 철로, 그리고 친구들이 뒤에 달린 객차들이야. 혼자 있을 때는 마음껏 네 에너지를 펼치고, 단체 시간에는 친구들과 함께 속도를 맞추는 멋진 기관차가 되어보자."

조정에 비유하기

* QR 코드에서 〈무한도전〉 조정 편을 함께 시청하고 대화를 나누어보세요.

"네가 조정 팀의 선수라고 상상해봐. 조정에서는 가장 중요한 게 뭘까? 맨 앞의 조타수 구령에 모두가 호흡을 맞추는 협동이지. 나영이의 넘치는 에너지가 팀원들과 맞지 않으면 어떻게 될까? 팀에 방해가 될 수도 있어. 집에서는 엄마 아빠가 조타수이고 너희들이 팀원이야. 학교에서는 선생님이 조타수이고, 친구들이 팀원이야. 자유시간에는 너의 개성을 마음껏 발휘하고, 단체생활에서는 팀과 함께 호흡을 맞춰보는 거야. 분명히 잘 할 수 있을 거야."

줄다리기에 비유하기

"줄다리기 대회에 나갔다고 상상해봐. 20명이 한 팀인 줄다리기에서 가장 중요한 게 뭘까? 힘이 아니라 구령에 맞춰 함께 당기는 협동이야. 나영이는 에너지도 높고 기발한 아이디어도 많은 특별한 아이야. 그런데, 줄다리기에서 혼자 너무 급하게 당기면 어떨까? 오히려 팀에 방해가 되겠지? 학교생활도 줄다리기와 같단다. 선생님의 지도를 따라 친구들과 호흡을 맞추는 연습을 하면 나영이는 멋진 팀원이 될 거야."

브레이크 훈련 실천법

- **감정 인식 연습:** 감정 온도계로 기분을 1~5로 표현하기. 감정 단어 하트에서 자신의 감정 고르기

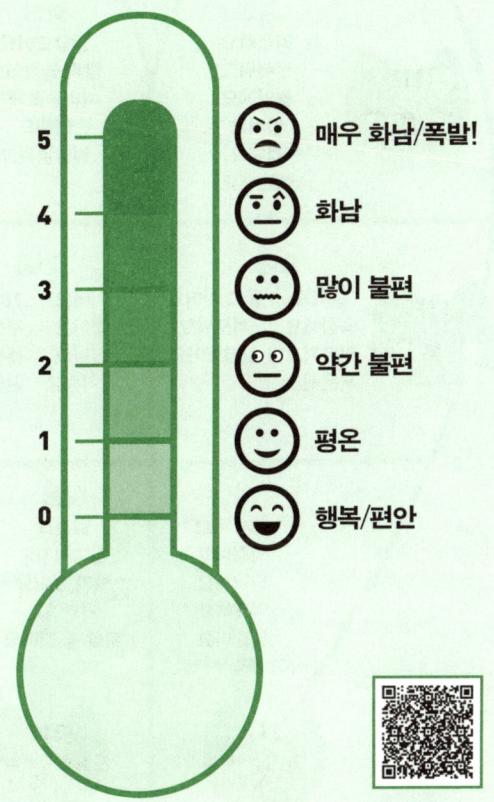

감정 온도계로 기분을 1~5로 표현하기
지금 내 기분이 어떤지 생각해보고 해당하는 숫자와 표정을 가리켜보세요.
감정을 이야기하면 조절하는 데 도움이 됩니다!

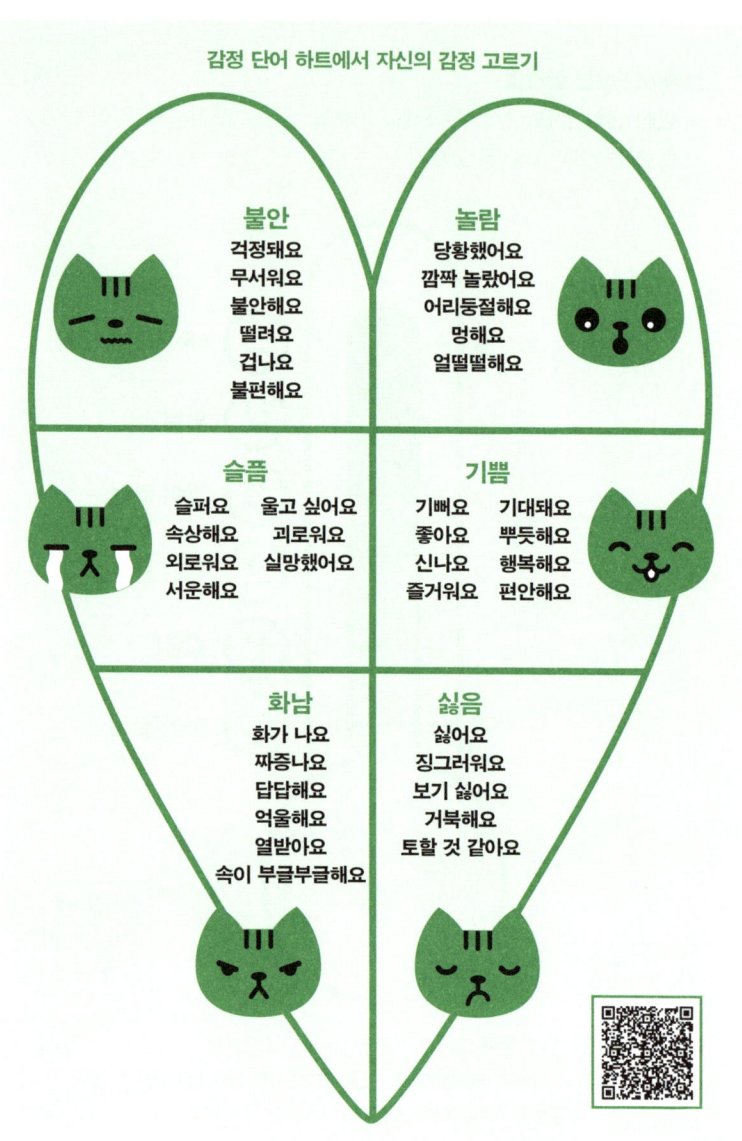

- **진정 코너:** 빈백 체어, 쿠션, 좋아하는 인형, 스트레스 볼, 바람개비, 비눗방울 등 준비
- **심호흡 연습:** 4-2-4 호흡, 무지개 호흡, 풍선 호흡, 복식호흡 등 평소에 훈련

4-2-4 호흡: 코로 4초 숨 들이기 → 2초 참기 → 입으로 4초 내쉬기

코로 4초 숨 들이기　　2초 간 숨 참기　　입으로 4초 숨 내쉬기

무지개 호흡: 손을 양옆으로 쭉 펴서 숨을 코로 들이쉬면서 손을 머리 위로 무지개를 그리듯이 올리고, 내려오면서 입으로 "후~" 하고 내쉰다.

풍선 호흡: 두 손을 깍지 끼고 머리 위에 올리고 시작한다. 코로 숨을 천천히 들이쉬면서 손을 서서히 올려 원을 크게 만든다(풍선이 부풀듯이). **입으로 "브르르르"** 하고 숨을 내쉬면서, 손을 서서히 내려 원을 작게 만든다(풍선에서 바람이 빠지듯이).

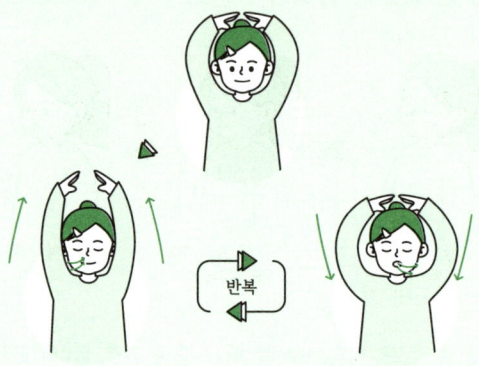

복식호흡: 손을 배에 올리고, 코로 들이마실 때 숨을 배로 넣어 부풀리고 입으로 내쉴 때 배가 들어간다.

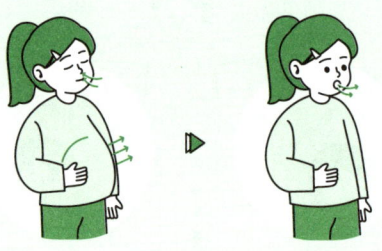

- **루틴표**: 아침, 저녁 일과를 그림으로 붙여두고 스스로 체크
- **타이머**: 모래시계나 비주얼 타이머로 시간 예측, 마무리 돕기
- **전환 경고**: "5분 후 정리", "1분 남았어" 일관되게 예고
- **행동 차트, 보상 시스템**: "차례 기다리기" 등 규칙을 말로 반복하거나 문구를 붙여 자주 상기
  충동 조절 시 스티커나 포인트로 보상을 시각화(보상 시스템 110쪽 참고)

단점이 장점이 되는 마법: 위험을 무릅쓰는 용기

자기조절의 미숙함과 충동성은 단체생활에서 잦은 문제를 일으키기도 합니다. 하지만 인류 역사를 돌아보면 시각이 달라질 수 있습니다. 위험을 무릅쓰고 과감하게 도전하는 성향, 호기심이 두려움을 압도하는 대담함, 안전지대를 벗어나 새로운 영역을 탐구하려는 충동. 이런 성향이 역사적으로는 이점이 있었다는 견해가 있습니다.

고대 부족 사회를 한번 상상해봅시다. 평화롭던 마을에 산속에서 호랑이가 자꾸 내려와 가축을 죽이더니, 이제 부족의 생존까지 위협하게 되었습니다. 누군가가 부족을 지키기 위해 호랑이와 싸웠어야 했겠죠.

이때 ADHD 특성을 가진 청년들이 앞뒤 따져보지 않고, '충동적'으로 "제가 가겠습니다!"며 손을 들지 않았을까요? 다른 사람들은 피하려고만 할 때, 위험을 잘 인식하지 못하고 행동에 나섰을 수 있습니다. 물론 그 과정에서 몇몇은 다치거나 사망했을 수도 있지만, 결과적으로 부족을 구했을 테죠.

ADHD에서 흔히 보이는 위험을 감수(Risk taking)하는 경향은, 새로운 환경을 개척하는 데도 기여했을 것입니다. 학자들은 인류가 아프리카 대륙에서 각 대륙으로 퍼져나갈 때도, ADHD 특성을 가진 구성원들이 한몫했을 거라고 추측합니다. 호기심과 탐험심이 발동해서 위험을 무릅쓰고 미지의 세계로 나갔을 거라고요. 오늘날의 '충동성'은, 어쩌면 인류를 지금까지 이끈 선사시대의 '탐험 정신'이었을지도 모릅니다.

저도 한국에서 안정된 삶을 살 수도 있었겠지만, '더 큰 세상에 가보고 싶은데'라는 호기심에 이끌려 미국에 왔습니다. 영어도 잘 못하고, 돈도 없고 아는 사람도 없는데, 맨땅에 헤딩하듯 '충동적'으로 도전한 거죠. 사업가들, 특히 스타트업 대표들 중에도 충동성이 있고 위험을 감수하는 탐험가적 성향이 큰 사람이 많다고 합니다.

아이가 충동적인 행동으로 부모님의 애간장을 졸일 때, 물론 훈육이 꼭 필요합니다. 그렇지만, 심호흡을 하고 '얘는 커서 어떤 탐험가, 모험가, 사업가가 되려는 걸까?' 하는 조심스러운 기대를 품어보면 어떨까요? 세상이 쏜살같이 변하는 지금, 미래 일은 아무도 모르고 오늘의 충동성이 내일의 혁신이 될 수도 있으니까요.

보상 시스템

아이가 자기조절력을 발휘했을 때나 바람직한 행동을 했을 때 행동 차트를 이용해 즉각적으로 보상해주면 동기부여에 도움이 됩니다. 아이 스스로 체크하게 연습해보세요. 체크하는 재미, 보람, 뿌듯함을 느끼게 될 거예요.

행동 차트

목표 행동을 했을 때, 아이가 직접 스티커나 V로 표시합니다.

연습하면 할 수 있다

이름: _____   나이: _____

목표 행동 예) 숙제 15분 앉아서 하기	Mon	Tue	Wed	Thu	Fri

보상 시스템

보상 메뉴판

목표 달성 시 메뉴판에서 보상을 고르도록 할 수 있습니다. 예를 들어, 토큰이나 스티커를 몇 개 모으면, 또는 일주일에 4번 성공하면 보상을 뽑을 수 있게 하는 거죠. 보상 메뉴에는 물질적인 보상보다는 공원 가기, 영화 보기, 아빠와 놀이터 가기처럼 관계적이고 활동적인 보상을 많이 포함해보세요.

주의 조절

왜 이렇게 산만할까요?

ㅠㅠ 오해: 집중하려고 노력하지 않는다
^^ 진실: 무대 조명이 고장났다

나영이는 책상에 꾸준히 앉아 공부를 하는 것이 어려웠습니다. 어머니는 "또 30분 동안 공부할 준비만 하고 있나?"라며 농담처럼 말했죠. 공부한다고 책상에 앉아서는 책과 공책을 한참 뒤지다가, 목마르다고 물 마시러 갔다가, 겨우 문제 하나 푸나 싶더니 지우개 똥으로 뭘 만들기 시작하는 거예요.

어떨 때는 청각에 이상이 있나 싶을 정도로 말을 못 알아듣습니다. 귀가 어두운 만화 캐릭터인 '사오정'이라는 별명이 있을 정도였죠. TV나 흥미로운 것에 집중하고 있을 때면, 아무리 불러도 대답이 없습니다.

아이가 과제를 꾸준히 못 하고 딴 데 정신을 팔고, 놀이를 할 때도 여기저기 찔끔찔끔 옮겨 다니는 모습을 보면, 부모는 "왜 집중을 못 할까?", "왜 마무리를 못 하지?" 하며 답답하고 속이 타들어가죠. 게다가 이름을 불러도 반응이 없으면 더 속이 터집니다. 하지만 이것은 아이의 태도가 문제인 것이 아니라, 주의 조절 기능이 약하기 때문입니다.

앞서 주의력을 뇌의 스포트라이트로 비유했습니다. 비춰야 할 사람을 따라 가면서 집중해서 비추고, 여러 배우들이 대화를 한다면 말하고 있는 사람에 따라, 왔다 갔다 하면서 비추는 역할이죠. 우리 뇌도 한 작업에 주의를 집중해야 할 때도 있고, 필요하면 주의를 전환할 수도 있어야 합니다.

그런데 ADHD 뇌의 주의력은 마치 고장난 스포트라이트 같습니다. 주인공이 말하고 있는데 엉뚱한 곳을 비추거나 초점 없이 왔다 갔다 합니다. 이렇게 산만한 이유는 중요한 부분에 집중하고 불필요한 것은 걸러내는 선택적 주의력이 부족하기 때문입니다. 주의를 필요에 따라 옮기는 전환 주의력도 불안정해, 너무 빠르게 전환되거나 전환이 필요할 때 고정돼 있기도 합니다. 그러다가 집중이 과도하게 고정되는 과잉집중이 생기기도 합니다.

어느 주말 아침, 전화 미팅이 줄줄이 잡혀 있는데 남편이 베이글

토스트를 해달라고 했습니다. 평소에 요리를 거의 안 하기 때문에 주말에 토스트를 종종 해줬지만, 그날은 "지금은 못 해"라고 했죠. 남편은 "토스터에 빵을 넣기만 하면 되는데 그게 그렇게 힘들어?"라며 이해 못 하겠다는 표정으로 스스로 해 먹더군요.

일이 끝난 후 남편에게 설명했습니다.

"ADHD 뇌는 집중이 끊기면 다시 돌아오기가 정말 어려워. 당신은 새 컴퓨터 기능이나 외국어 배우기를 힘들어 하잖아. 나에게는 그런 건 오히려 쉬운데, 이런 주의 전환이 힘들어. 어려운 게 사람마다 다른 거지."

다른 아이들은 쉽게 하는 걸 ADHD 아이가 힘들어할 때, '이것도 못 한다고?' 혹은 '내 말을 무시하나?'라고 생각하기 쉽습니다. 하지만 '이 아이는 이 부분이 특히 어렵구나'라는 시선으로 봐주세요. 이해가 있으면 화도 덜 나고, 속도 덜 상합니다. 그다음에 어려움을 덜어줄 방법을 함께 찾아보면 됩니다.

일상 속 예시: 주의 조절의 어려움

- 선택적 주의력: 중요한 정보에 집중하고, 나머지는 걸러내는 능력

- 옷을 입다가 옷장 속 장난감이 눈에 들어와 갖고 놀다가 한참 동안 옷을 입지 못한다.
- 수업 시간에 창밖에 보이는 나뭇잎 모양에 정신이 팔려 읽던 문장을 잊어버린다.

- 지속적 주의력: 오랫동안 집중을 유지하는 능력
  - 레고를 시작한 지 얼마 안 돼 간식을 먹는다고 일어나더니 다른 장난감을 보고 그것을 가지고 놀기 시작한다.
  - 숙제를 한다고 책상에 앉더니 몇 분 만에 연필을 깎으러 간다. 돌아와서는 화장실에 가고, 그다음에는 친구에게 전화를 하고… 결국 30분 동안 실제로 숙제를 한 시간은 10분도 안 된다.

- 분할 주의력: 여러 정보에 동시에 주의를 기울이는 능력
  - 받아쓰기를 할 때 듣기와 쓰기를 동시에 하는 것을 어려워한다.
  - 화상 수업을 들으면서 키보드 입력을 동시에 하는 것이 어려워 둘 다 놓치곤 한다.

- 전환 주의력: 여러 과제 사이에서 주의를 전환하는 능력
  - 선생님이 "책 덮고 공책에 정리해볼까?"라고 말했을 때, 계속 책만 들여다보고 있다.
  - "이제 TV 끄고, 가방 메자"라고 해도 TV를 계속 보거나,

갑자기 다른 장난감을 가지고 놀기 시작한다.

생존 전략:
김밥 요법 – 집중하기 쉽게 작게 나누어라

ADHD가 있는 아이는 주의력도 약하고 청각피질도 미숙해 말을 잘 못 알아듣기도 합니다. 그러므로 지시를 하기 전에 이름을 부르거나, 가볍게 몸을 두드려서 먼저 주의를 끄는 것이 좋습니다. 다른 데 정신이 빠져 있는 중에 지시해봤자 입력이 안 될 가능성이 크니까요.

   ADHD가 있는 아이의 주의 조절을 도울 때 기억할 핵심 개념이 바로 '김밥 요법'입니다. 긴 김밥은 한 번에 먹기 어렵지만, 한입 크기로 잘라주면 쉽게 먹을 수 있죠. 마찬가지로, 부담스러운 과제나 오래 걸리는 일도 시간이나 양을 작게 나누면 한결 수월하게 할 수 있습니다. 저도 복잡하고 오래 걸리는 일은 마냥 피하고 싶은데, 김밥 요법을 써서 해내곤 합니다.

   김밥 요법은 시각적 도구와 함께 쓰면 효과가 더욱 커집니다. 예를 들어, 시험공부를 해야 한다면 달력에 시험 날짜를 표시하고 남은 일수를 확인한 뒤, 공부 분량을 나눕니다. 시험까지 10일이 남고 범위가 50쪽이라면 하루 5쪽씩, 하루이틀 정도는 복습일로 남겨두면 좋습니다. 그날 목표를 달성했으면 달력에 색깔로 표시합니다. 디지털 앱을 활용할 수도 있지만, 종이에 표시하면 촉각도 사용하게 되어 더 효과적입니다.

너무 많은 높은 목표를 세워 실패하는 것보다, 한두 가지의 작은 목표를 완수하며 성공 경험과 성취감을 쌓아가도록 합니다.

- **문제 개수 나누기**: 수학 문제 20개 풀기
  - 첫 5개 풀기 → 스티커 받기 → 2분 휴식
  - 다음 5개 풀기 → 스티커 또 받기 → 2분 휴식
  - 반복해서 스티커 4개를 모으면 특별 마크 또는 간식 같은 작은 보상
- **단계 나누기**: 단계를 나누어 방 정리. 단계마다 타이머 사용
  - 바닥 정리 → 책상 위 정리 → 침대 정돈
- **시간 나누기**: 30분 동안 책 읽기. 타이머 사용
  - 10분 책 읽기 → 2분 휴식×3회

반대로 '과잉집중'할 때도 있다!

집중하는 데 어려움을 느끼는 아이들이 아이러니하게도 특정 상황이나 분야에는 과잉집중하기도 합니다. 평소에 낮게 유지되던 도파민이 관심 분야가 나오면 과다 분비되기도 해서 몰입 상태가 시작됩니다. 그런데 주의력 전환이 어려워 빠져나오기가 어렵고, 시맹까지 더해지면 몇 시간씩 계속될 수도 있는 거죠.

제가 치료하던 초등학생 헤이든은 전환 주의력이 약한 학생이었습니다. 한 수업에서 흥미 있는 활동이 있으면 과잉집중해서 다음 수업으로 넘어가는 것이 어려웠어요. 그러다가 집에 헤이든이 좋아하는 괘종시계 장남감 있다는 것을 알고, 그것을 전환의 징검다리로 활용해보기로 했습니다. 선생님이 수업이 끝나기 5분 전쯤 헤이든에게 "이제 괘종시계와 함께 모험을 떠날 시간이야"라며 전환 리추얼을 만들어주었습니다. 그 결과 전환이 훨씬 수월해졌습니다.

일상 속 예시 : 과잉집중

- 그림을 그릴 때는 몰입해서 몇 번이나 "이제 정리할 시간이야"라고 해도 듣지 못한다.
- 게임을 할 때는 몇 시간이 지나도 움직이지 않는다. "그만하고 저녁 먹자"라고 몇 번이나 말해도 듣지 못한다.
- 레고 조립에 몰입해 화장실도 가지 않고 식사 시간도 놓치며 몇 시간 동안 계속한다.

- 좋아하는 만화책을 읽을 때는 다른 사람이 불러도 전혀 반응이 없다.

 **전환 주의력 보완 실천법**

- **5분 전 예고**: "5분 후에 정리하고 목욕할 거야."
- **시각적 타이머**: 남은 시간이 줄어드는 것 시각화
- **전환 의식, 구호, 카운트다운**: 전환 시 손뼉 3번 치기+스트레칭 "이제 레고 모드 끝! 저녁 식사 모드 시작!", "이제 퍼즐을 마칠 시간이네, 카운트다운 시작, 5, 4, 3, 2, 1, 끝!"
- **전환 노래**: 특정 노래를 틀어 전환 신호로 사용하기
- **흥미로운 스토리**: 목욕 시간에 "상어 장난감들이랑 수영 대결 시간이다!"

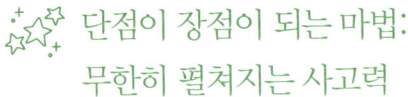 단점이 장점이 되는 마법:
무한히 펼쳐지는 사고력

주의 집중의 어려움은 특히 학습 과정에서 난관이 될 수 있지만, 그 안에도 강점이 숨어 있습니다. 주의가 산만하다는 것은 다양한 자극

과 정보에 관심이 많다는 뜻이기도 하기 때문입니다. 한 가지만 비추는 스포트라이트가 아니라 넓은 범위를 훑으면서 흥미로운 것을 찾아내는 탐조등(Search light) 같은 거죠. 이렇게 여러 가지 자극에 주의를 기울이는 것을 '확산적 주의력(Diffuse attention)'이라고 합니다.

예술가, 발명가, 혁신가 중에는 다른 사람들은 무심코 지나치는 것들을 포착해서 독창적인 아이디어를 내는 사람도 많습니다. 생각지 못한 범위까지 확산하는 주의력 덕분에 기존의 틀을 깨는 새로운 생각을 펼칠 수 있는 거죠. ADHD 성향이 있는 사람들은 글쓰기, 예술, 과학, 음악 등 분야에서 창의적인 결과물을 만들어낸 경험이 많다는 연구 결과도 있습니다.

토머스 에디슨은 ADHD 특성을 가졌다고 추측되는 인물로, 어린 시절 학교에서 '산만하고 집중하지 못한다'는 평가를 받았습니다. 하지만 그 확산적인 시야 덕분에 다양한 아이디어를 동시에 연구하며 수많은 발명을 해낼 수 있었습니다. 그 결과 전구, 축음기 등 1,000개가 넘는 특허를 낸 발명왕이 되었죠.

부모로서 아이가 필요한 곳에 집중을 못 하는 모습을 보면 걱정이 될 수 있습니다. 그렇지만, 아이의 시야가 넓고 남다르다는 점을 떠올려보세요. 아이를 좀 더 긍정적이고 희망적인 눈으로 바라볼 수 있을 거예요.

왜 이렇게 정신이 없을까요?

ㅠㅠ 오해: 쓸데없는 데 정신이 팔린다
^^ 진실: 주의력이 납치당한다

남편과 처음 야구장에 갔던 때 일입니다. 제가 티켓을 챙겼는데, 야구장에 도착하고 보니 없었습니다. 계단을 내려오다 떨어져 있는 물건에 정신이 팔려 티켓을 계단에 놓고 온 거예요. 남편이 어떻게 그걸 놓고 오냐고 어찌나 역정을 내던지, 야구장에서 혼나고 있는 제가 처량해서 눈물이 나더군요.

    이제는 남편도 제 주의력이 '납치'되는 순간을 자주 목격해서 잘 이해해줍니다. 예를 들어, 남편과 대화하고 있는데 TV에서 흥미로운 소리가 나거나 화면이 바뀔 때가 있습니다. 그러면, 저는 즉시 거기에 정신을 빼앗겨 남편에게 말을 하고 있었다는 것 자체를 잊어버립니다. 남편은 처음에는 "사람이 말을 하는 중에, 자기가 말하고 있다는 걸 어떻게 까먹냐"라며 믿기 어려워했어요. 이제는 '또 주의력이 납치당했구나' 생각하며, "말하던 문장을 마칠 거지?"라고 상기시켜줍니다.

주의력 납치 현상은 소지품 분실에도 한몫합니다. 주의가 빼앗겨 소지품을 어디에 놓고 있는지 인지도 못하는데, 정신을 차리고 나면 물건은 사라져 있죠.

우리 뇌의 주의력은 유발되는 경로와 방향에 따라 '하향 주의력(Top-down attention)'과 '상향 주의력(Bottom-up attention)'으로 나눌 수 있습니다.

하향 주의력은 전전두피질에서 시작해 아래 뇌 영역들로 전달되는 '의도적 주의력'입니다. 시험공부나 취미 활동처럼 목적을 가지고 주의를 집중하는 힘입니다.

상향 주의력은 감각 신호를 받는 시상과, 위협을 감지하는 편도체에서 일어나 상위 뇌 영역으로 전파되는 주의력입니다. 갑작스러운 소리나 움직임 등의 외부 자극에 무의식적으로 주의가 납치당하듯 쏠리는 것이죠. 예를 들어, 아이가 조용히 그림을 그리다가도 TV 소리에 시선이 확 돌아가는 경우입니다.

ADHD 뇌에서는 계획과 통제를 담당하는 전전두피질이 미숙해 하향 주의력이 약한 편입니다. 반면에, 편도체가 과민하게 반응하기도 하고, 감각 자극을 담당하는 뇌 영역들은 활발해 상향 주의력이 상대적으로 강합니다. 그러니 '지금 이걸 해야지'라는 계획에 따르기보다, '어? 저건 뭐지?' 하며 외부 자극에 더 강하게 반응하게 됩니다. 주의력이 절대적으로 부족하다기보다 주의력의 우선순위를 정하는 방식이 다른 것이죠. 강한 상향 주의력이 약한 하향 주의력을 방해하는 것입니다.

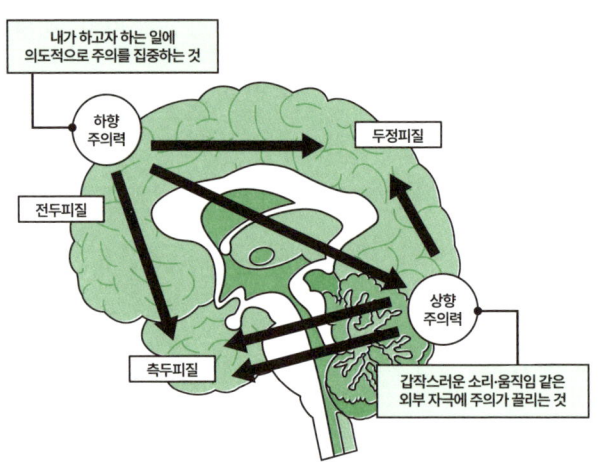

〈하향 주의력 VS 상향 주의력〉

제가 치료하던 카일은 상향 주의력이 매우 강한 학생이었어요. 교실에서 다른 학생이 의자를 빼거나 누가 살짝 움직이는 작은 움직임이나 소리에도 순식간에 고개를 돌려 초집중했습니다. 다른 학생들은 알아차리지도 못하는데 말이죠.

이런 과도한 상향 주의력은 위험한 순간을 초래하기도 합니다.

길을 건너다 주변 소리에 이끌려 차를 잘 살피지 않거나, 놀이기구 위에서 딴 데 정신이 팔려 균형을 잃을 수도 있습니다. 제가 운전을 하다가 하늘에서 큰 새가 날아가는 것을 본 적이 있습니다. 순간, '오! 저 큰 새는 뭐지? 독수린가?' 하면서 정신이 완전히 팔려버렸습니다. 순간 운전을 하고 있다는 사실조차 까맣게 잊어버리고 말았죠. 뒤에서 오던 차가 툭 하고 박은 다음에야 정신이 돌아왔습니다. 다행히 큰 사고는 아니었지만, 바로 차를 완전 자율 주행이 가능한 것으로 바꾸었습니다.

일상 속 예시: 납치당한 주의력

- 숙제를 하다가 책상 위 스티커가 눈에 들어와 떼어내느라 시간을 다 보낸다.
- 아침에 양치하다 거울 속에 비친 머리 모양이 신경 쓰여 빗질만 하다 등교 준비를 지체한다.
- 엄마가 읽어주는 동화책을 듣다가 공룡 인형에 눈길이 꽂혀, "공룡은 왜 멸종했어?"라며 질문을 쏟아낸다.
- 친구와 대화 중 친구 뒤로 지나가는 고양이를 보고 대화 내용을 완전히 잊어버린다.

 생존 전략:
외부 자극을 최대한 차단하라

ADHD 뇌에서는 시각, 청각, 후각 등의 자극으로 유발되는 상향 주의력이 상대적으로 약한 하향 주의력을 방해하기 쉽습니다. 그래서 외부 자극이 낮은 환경을 조성해주면 주의력 유지에 도움이 됩니다.

저도 시험공부를 할 때는 칸막이가 있거나 조용한 도서실에 갔습니다. 당시에 판매되던 화이트 노이즈 기기를 사용하기도 했습니다. 화이트 노이즈가 외부에서 들어오는 소음을 덮어주어서 집중에 어느 정도 도움이 되었던 것 같습니다.

아이가 혼자서 집중하기 어려울 때는 부모가 모범을 보이면 좋습니다. 가족이 함께 책을 보거나 공부를 하고 있으면, 아이도 자기 좋아하는 책을 읽거나 숙제를 할 가능성이 높아지니까요. 반대로 부모가 TV를 항상 틀어놓거나 휴대폰으로 짧은 영상만 보고 있다면, 아이에게 학습 분위기를 조성해주기 어려울 수 있습니다.

저의 경우에도 아버지는 집에서 항상 TV를 켜두었는데, 다행히 아버지가 새벽부터 밤 늦게까지 공장에 계셨어요. 그래서 저는 방해받지 않고 좋아하는 책을 읽을 수 있었습니다. 한국 가정에서는 TV가 배경처럼 켜져 있는 경우가 흔하니, 너무 자책하거나 그것 때문에 다툴 필요는 없습니다. 이 책에 있는 팁들 중 실천할 수 있는 것부터 하나씩 시도해보면 됩니다.

ADHD가 있는 아이들에게 "왜 집중을 못 해. 정신 똑바로 차리고 집중해!"라는 말을 하기도 합니다. 그런데 이는 이미 언덕을 힘겹게 오르고 있는 아이에게 "뛰어 올라가!"라고 말하는 격입니다. 아이의 뇌 속에는 주의력 간의 경쟁이 있다는 걸 떠올려보세요. 그 와중에 다른 방향으로 주의력이 납치돼 간 것이니, 되돌아올 수 있게 부드럽게 도와주세요.

 **외부 자극 차단 실천법**

단순한 환경
- **자극 제한:** 책상 주변에 장난감, TV, 태블릿 등 치우기, 가구나 벽은 한두 가지의 편안한 색상 사용
- **시야가 한정된 공간:** 책상을 둘러싸는 '집중 텐트', 가구로 시야 제한, 가림막 설치
- **화이트 노이즈:** 잔잔한 배경음악, 선풍기 소리, 장식용 폭포, 비 오는 소리, 모닥불 타는 소리 앱 등 활용
- **조용한 환경:** 청각이 예민한 경우, 이어플러그, 노이즈캔슬링 헤드폰 활용

주의력이 납치됐을 때 대처법
- **숙제하다가 딴 데 정신이 팔렸을 때:** "지금 몇 페이지까지 했지?",

"다음 단계는 뭐였더라?"라고 물어 주의 환기
- **말로 호응이 없을 때:** 어깨나 손을 부드럽게 토닥이며 주의 환기
- **눈 맞추고 지시:** "나영아, 엄마(아빠) 좀 봐." 시선을 맞추면 그다음에 지시. "TV 그만 보고 숙제 계속 하자."

✨ 단점이 장점이 되는 마법: 의도하지 않은 발견

이처럼 집중해야 할 때는 방해만 되는 상향 주의력이 도움이 되는 상황도 있을까요? 상향 주의력이 강하다는 것은 남들은 무시할 만한 변화나 자극도 포착할 수 있다는 의미이기도 합니다.

선사시대에 상향 주의력은 맹수의 움직임을 알아채고, 식량의 단서를 감지하는 중요한 생존 능력이었을 거예요.

지금도 위급 상황을 빠르게 알아채어 신속하게 문제를 해결해야 할 때는 강점이 될 수 있습니다. 예를 들어, 비행기 조종사가 기계 이상으로 나는 소음을 빨리 감지한다면 더 잘 대처할 수 있겠죠. 부모가 아이가 불편해서 내는 소리나 표정을 잘 알아차리는 것도 강점이겠고요.

남편은 제가 해야 할 일에 집중을 못하고 산만하기 그지없다고

걱정합니다. 그렇지만 되돌아보면 그 산만함이 우리의 삶에 좋은 기회를 가져다주기도 했어요. 결혼 후 함께 살 집을 찾아 다닐 때 남편은 몇몇 지역을 집중해서 보고 있었습니다. 반면에 저는 흥미로운 집이나 땅이 나오면 여기저기 아무 곳이나 보고 다녔죠. 그러다가 남편은 관심도 주지 않던 지역에 마지못해 저를 따라갔다가, 저희 집을 지을 아름다운 땅을 찾았습니다.

예기치 않은 귀한 발견은 역사에서도 찾아볼 수 있습니다. 1928년, 세균학자였던 알렉산더 플레밍은 감염병을 연구하면서 페트리 접시에 포도상구균을 배양하고 있었습니다. 그런데 휴가를 갔다 돌아와 보니, 접시가 오염되어 곰팡이가 생겨 있었습니다. 하향 주의력으로 계획한 것에만 집중하는 연구자라면 실패한 실험으로 여기고 접시를 얼른 치워버렸을 것입니다.

그러나 플레밍은 상향 주의력에 이끌려 오염된 접시를 흥미롭게 관찰했습니다. 그러다가 곰팡이 주위로 포도상구균이 죽었다는 사실을 포착했죠. 이 우연한 발견이 항생제 페니실린의 시작이었습니다. 그의 강한 상향 주의력이 수억 명의 생명을 구하는 세기의 발견으로 이어진 것입니다. 그는 이 공로로 후에 노벨 의학상을 수상했습니다.

집중력이 납치되어 정신이 딴 데 팔린 아이를 보면, 부모는 불안

할 수 있습니다. 그렇지만, 아이는 그런 순간에도 무언가 배우며 성장하고 있다고 생각해보세요. 그 엉뚱한 곳에서 호기심을 키우고, 뜻밖의 발견을 하며, 자기만의 방식으로 세상을 탐구하고 있는 것일지도 모르니까요.

왜 늘 삼천포로 빠질까요?

ㅠㅠ 오해: 하라는 건 안 하고 잡생각이 많다
^^ 진실: '멍때림 모드'가 잘 꺼지지 않는다

나영이의 머릿속은 늘 호기심과 공상으로 가득했습니다. 과학 시간에 프리즘과 빛의 굴절을 배우고 나서는 공부는 안하고 이런 생각이 꼬리를 물었죠.

'문틈으로 새어 들어오는 빛도 굴절되는 것 같던데 왜 그렇지? 참, 돋보기도 빛을 굴절하잖아. 돋보기로 나무를 태워 모닥불도 만들 수 있지 않을까? 오늘 나무를 모아서 해 봐야지.'

부모님이 늦게까지 일하셔도 머릿속에서 끊임없이 이어지는 상상에 심심할 틈이 없었어요.

아이가 하라는 건 안 하고 엉뚱한 공상에 빠져 멍하니 있으면 부모는 조급해지기 쉽습니다.

"왜 자꾸 딴생각만 해? 언제 숙제를 끝낼 거니…."

하지만 ADHD가 있는 아이는 일부러 딴생각을 하는 게 아닙니다. 뇌 속에서 '멍때림 모드'가 계속 켜져 있기 때문이에요.

우리 뇌는 상황에 따라 두 가지 상반된 주의력 모드를 번갈아 사용합니다. 하나는 '기본 모드 네트워크(Default Mode Network, DMN)'로, 특별한 일을 하지 않고 쉴 때 활성화되는 '멍때림 모드'입니다. 이 모드는 주로 뇌의 안쪽 영역에서 작동하며, 외부 자극이 적을 때 더 활발해집니다. 머릿속에 여러 생각이 자유롭게 떠오르고, 과거를 되짚거나 자신의 행동을 돌아보고, 미래를 그려보는 등 내부 세계로 주의를 돌립니다.

다른 하나는 '과제 수행 네트워크(Task Positive Network, TPN)'로 해야 할 일에 집중할 때 활성화되는 '집중 모드'입니다. 이 모드는 주로 뇌의 바깥쪽 영역에서 활성화되며, 외부 세계와 상호작용하며 목표를 달성할 때 작동합니다. 숙제, 운동, 악기 연주처럼 목표 지향적인 활동에서 주의력을 유지하고 불필요한 생각을 차단하는 역할을 합니다.

이 두 모드는 서로 상반되는 기능을 하며, 시소처럼 한쪽이 올라가면 다른 쪽이 내려가는 식으로 전환됩니다. 전환이 잘될수록 집중과 휴식의 균형이 좋아지고, 전환이 어려울수록 집중해야 할 순간에도 잡생각이 끼어들 수 있습니다.

ADHD 뇌에서는 이 두 모드의 전환이 원활하지 않습니다. 일반적인 아이에게 수학 문제를 풀게 하면, 집중 모드가 켜지고 멍때림 모드는 꺼집니다. 그런데 ADHD가 있는 아이들은 '3 + 4 ='을 풀고 있는 순간에도 멍때림 모드가 동시에 켜져 있습니다. 머릿속에 어제 친구와 나눈 대화, 게임 속 장면, 내일 생일파티 준비 같은 생각이 줄줄이 떠오르는 거죠. 마치 수십 개 창이 한꺼번에 열려 있는 컴퓨터 화면과 비슷합니다. "왜 딴생각만 해? 집중해!"라고 다그쳐도 멍때림 모드는 쉽게 꺼지지 않습니다.

여러분, 위키피디아에서 어떤 글을 읽다가, 그 안에 링크된 단어를 클릭해 다른 글로 넘어가고, 거기서 또 클릭해 또 넘어가고… 그러다 보면 어느새 처음 글과 전혀 관련 없는 글을 보고 있던 경험, 있나요? 이처럼 뇌 안에서 수많은 생각이 꼬리를 물고 떠올라 관련 없어 보이는 생각끼리도 연결되는 것을 '연상 사고 패턴(Associative thought pattern)'이라고 합니다.

예를 들어, 아이들에게 '태권도'라는 단어를 주고 떠오르는 것을 적어보라고 하면 보통은 도장, 도복, 품새, 사범님, 검은 띠 등을 쓰겠죠. 하지만 ADHD가 있는 아이는 훨씬 더 멀리 뻗어나갈 수 있습니다.

태권도 → 품새 → 발차기 → 축구 → 손흥민 → 토트넘 → 해리 포터 → 마법 지팡이…

이런 사고 패턴은 삼천포로 빠지는 것처럼 보이고, 일상에서는 산만한 모습으로 비칠 때가 많습니다. 주변 사람들은 "또 엉뚱한 소리를 한다"라며 답답해할 수도 있죠.

일상 속 예시 : 멍때림 모드 과활성
- 식사 시간에 어제 친구와 싸운 것을 생각하고 있다가 말을 걸어도 못 듣는다.
- 수업 시간에 창밖의 구름 모양이 공룡 같다고 상상하며 공상에 빠져 수업 내용을 놓친다.
- 숙제를 시작했지만 만화 속 주인공이 되어 모험을 떠나는 상상을 하다가, 한참 지나도 첫 문제도 풀지 못한다.
- 친구가 이야기하는 도중 갑자기 "나 어제 롤러코스터 탔어!"라고 딴생각하던 것을 말한다.

생존 전략: 멍때릴 틈을 주지 마라

ADHD 뇌에서는 멍때림 모드가 시도 때도 없이 작동하고 있어 자칫하면 주의가 흐트러지기 쉽습니다. 따라서 지시를 할 때는 멍때릴 틈이 없도록 김밥 요법으로 잘라서 작은 단위로 제시해보세요. 또한 멍때림 모드는 신체를 움직이면 더 쉽게 억제됩니다. 가능하면 아이가 몸을 자주 움직일 수 있도록 해주세요. 그러면 집중이 한층 쉬워지고, 작은 성취들이 쌓여 자신감도 자랄 거예요.

멍때림 모드 끄기 실천법

- **김밥 요법:** 멍때릴 틈이 없도록 짧고 명확한 단위로 제시
  - 수학 문제 10개 풀기 → 4개 풀고 쉬고, 3개 풀고 쉬고, 3개 풀고 쉬기
  - 타이머 활용: 책 30분 읽기 → 10분 읽기 → 2분 휴식 3번 반복
- **멍때림 끄는 스위치:** 몸을 움직이는 시간
  - 10분마다 1분 운동: 벽 대고 팔 굽혀 펴기, 스트레칭, 스테퍼, 트램펄린, 요가 볼 바운스
- **카운트다운:** "5, 4, 3, 2, 1, 집중!"을 박자에 맞추어 박수를 치면서 주의 환기

- **멍때릴 때 대처:** 어깨에 살짝 손을 대고, 비난이 아닌 지지하는 톤으로 주의 환기
  - "지금 어디까지 했었지?", "다음 한 문제만 같이 풀어볼까?"

단점이 장점이 되는 마법: 자유롭게 뻗어나가는 사고력

평소에는 집중을 방해하는 걸림돌일 뿐인 연상 사고 패턴에도 특별한 강점이 있습니다. 그건 바로, 이런 새로운 연결이 융합적인 아이디어나 통찰로 이어질 수 있다는 것입니다. 아이들이 글짓기를 하거나 그림을 그릴 때, 생각지 못한 독특한 아이디어를 내는 데도 이런 연상 사고가 도움이 됩니다.

저도 이런 경험을 종종 합니다. 여러 생각이 꼬리를 물며 연쇄적으로 이어지다가, 전혀 상관없어 보이는 개념이 연결되면서 문제 해결의 실마리가 보일 때가 있죠. 남편이 대학 시절 조정 선수였던 덕분에 집에 조정 경기 사진이 걸려 있어요. 어느 날 멍하니 그 사진을 보다가 앞서 이야기했던 '협동'의 예가 떠올랐습니다. 저는 이런 연상 사고를 즐기는 편입니다. 특별한 목적 없이 자유롭게 생각을 펼치는

것이 재미있고, 때로는 뜻밖의 소득을 가져다주기도 하니까요.

'모나리자'로 잘 알려진 르네상스의 거장 레오나르도 다빈치를 다 아시죠? 그는 조각과 회화뿐만 아니라, 건축, 음악, 과학, 수학, 해부학, 철학 등 수많은 분야에서 탁월한 재능을 보였습니다. 시대를 수백 년 앞서간 융합의 천재로 불리는 다빈치가 ADHD가 있었을 거라고 추정하는 학자가 다수 있습니다.

다빈치가 남긴 수많은 노트를 보면 그 뇌 속을 들여다보는 것 같습니다. 한 페이지에 헬리콥터 설계도를 그리다가 갑자기 인체 근육의 해부도로 넘어가고, 그 옆엔 꽃잎의 나선형 배열에 대한 수학적 분

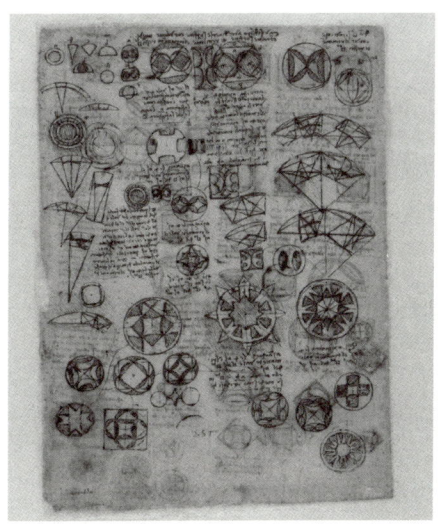

〈다빈치의 노트〉

* 출처:

석이 이어집니다. 새가 날아가는 것을 관찰하다가 비행 기계를 구상하고, 물의 흐름을 연구하다가 머리카락을 그리는 식이죠. 이는 연상 사고 패턴이 어떻게 융합적 통찰로 이어지는지 생생하게 보여줍니다.

그가 수백 개의 프로젝트를 동시에 진행하며 대부분을 미완성으로 남긴 것은 사실입니다. 그럼에도, 그 산만함이 바로 왕성한 탐구력과 탁월한 통찰력을 이끈 그의 천재성이었습니다.

음반 회사로 잘 알려진 버진 그룹의 설립자이자 경영자인 리처드 브랜슨도 ADHD 진단을 받았다고 밝힌 사람입니다. 브랜슨이 음반 레코딩 사업을 하다가 전혀 관련 없어 보이는 항공 사업을 시작한 계기가 있습니다. 친구들과 여행을 계획했는데 항공편이 갑자기 취소된 거예요.

대부분의 경우 다른 항공편을 알아봤겠지만, 그는 비행기를 대여해야겠다고 생각했습니다. 그리고 전세기 비용을 충당하기 위해 승객들을 모집했습니다. 이런 과정을 거치면서, 스스로 항공사를 운영해야겠다는 마음을 먹었다고 합니다.

'비행기가 취소됐는데, 어떻게 가지? → 비행기를 빌리자 → 비행기 회사를 차리자' 같은 연상 사고가 일어난 것이죠. 현재 버진 그룹은 항공, 음악뿐 아니라, 통신, 금융, 여행 등 다양한 분야의 회사를 운영하는 다국적 기업으로 성장했습니다.

물론 이런 예들은 아주 드문 경우입니다. 또한 산만함이 아이와 부모를 힘들게 하는 주된 요인이라는 점도 부정할 수 없습니다. 하지만 그 산만함이 때로는 혁신적인 아이디어를 포착하는 경로가 될 수 있다는 것도 사실입니다. 모든 아이가 비범한 재능이 있는 것은 아니지만, 각자만의 독특한 관점과 창의적 잠재력을 가지고 있습니다. 자신만의 고유한 삶을 주체적으로 이끌어갈 힘이 아이 안에 이미 있음을 믿어보세요.

각성 조절

너무 게을러서 걱정이에요

ㅠㅠ 오해: 게을러서 아무것도 안 한다
^^ 진실: 저각성 상태가 쉽게 온다

나영이는 평소에는 에너지가 넘치고 잘 까부는 아이였는데, 시험 치는 날에는 유난히 지루해하고 졸려했습니다. 3, 4교시쯤부터는 졸음이 몰려오면서 하품이 끊이지 않아, 얼굴은 눈물 콧물 범벅이 됐습니다. 시험장에는 휴지도 들고 들어갈 수 없어서, 소매와 시험지에다 콧물을 연신 닦아냈죠. 평소에도 덜렁대는 편인데 졸리기까지 하니, 시험 답안지에는 실수가 수두룩했습니다.

다행히 수업 시간에는 새롭게 배우는 내용이 호기심을 자극해 눈을 똘망똘망 뜨고 각성을 유지했습니다. 그러나 사회나 역사처럼 관심 없는 수업 때는 지루해하며 연필을 돌리고, 손톱과 입술을 물어뜯고, 다리를 떠는 버릇이 있었습니다. 쉬는 시간에는 돌아다니며 창틀에 올라가기도 하고, 찬물로 세수를 해서 졸음을 쫓기도 했습니다. 집에 오면 졸음이 몰려와서 바로 낮잠을 잤습니다. 다른 아이들은 학원을 가거나 숙제를 했을 텐데 말입니다.

    ADHD 뇌는 각성 조절이 불안정해, 마치 침침한 조명 아래 있는 것처럼, 완전히 깨어 있지 않은 상태일 때가 많습니다. 이런 저각성 상태에서는 자극이 적으면 금세 지루해지거나 졸리게 됩니다. 친구들과 뛰어다니며 잘 놀다가도, 공부하라고 하면 바로 피곤하다고 합니다. 학교 다녀와서 아무것도 하지 않고, "귀찮아"를 연발하며 오랜 시간 소파에 널브러져 있습니다. 이렇다 보니 어른들의 눈에는 무기력하고 게을러 보일 수 있습니다.

    어느 아이나 숙제나 공부, 방 정리 등을 귀찮아 하는 것은 사실입니다. 그런데 ADHD가 있는 아이가 느끼는 귀찮음은 차원이 다릅니다. 여러분이 피곤해서 낮잠을 곤히 자고 있는데, 갑자기 누가 깨우며 "지금 설거지 좀 해"라고 한다면 어떨까요? 엄청 하기 싫고 자는데 일 시키는 사람에게 짜증이 올라 오지 않을까요? 저각성 상태는 잠이 덜 깬 상태와 비슷해서 사소한 일도 극도로 귀찮게 느껴집니다.

    시어머니는 제가 잘 씻지도 않고 청소도, 요리도 잘 안 하는 것을 보면 게으르다고 하십니다. 이런 집안일들이 저에게는 고역으로 다가올 때가 많습니다. 그렇지만, 책을 1년에 한 권 꼴로 출간하고 있는 제가 정말 게으른 걸까요? 실상은, 단조롭게 반복되거나 흥미가 없는 일로는 뇌를 깨우기가 지독히도 어려운 것입니다.

일상 속 예시 : 저각성 상태

- 글쓰기 과제를 할 때 몇 문장 쓰다가 갑자기 "너무 피곤해요"라며 엎드린다.
- 수업 시간에 졸리고 지루해서 고개가 자꾸 떨어지고 하품을 연달아서 한다.
- 학교를 다녀오면 소파에 누워 낮잠을 자거나, 틈만 나면 누워 있는다.
- 자주 "귀찮다"며 양치, 씻기, 방 정리 같은 기본 생활도 미루려고 한다.
- 친구가 같이 놀자고 해도 "귀찮아"라며 마다한다.
- 해야 할 일이 있어도 "나중에 할래"하며 미루다 결국 안 한다.

 생존 전략: 감각으로 뇌를 깨워라

뇌가 쉽게 졸리는 저각성 상태에 있는 아이가 과제를 하기 위해서는 먼저 뇌를 깨워야 합니다. 소리가 나거나 빛이 눈에 들어오면 잠이 깨는 것처럼, 뇌를 깨우는 가장 좋은 방법은 감각 자극을 사용하는 것입니다.

신체 감각에는 시각, 청각, 후각, 미각, 촉각, 통증, 온도감각, 전정감각(균형), 고유감각(근육·관절 움직임) 등이 있습니다. 이런 감각이 뇌로 들어오면 망상활성계를 자극해 각성을 올립니다.

다음 팁을 보고 다양한 감각을 이용해 아이의 뇌가 깨어 있도록 도와주세요.

🔍 감각을 활용한 각성 실천법

- **시각**: 낮에는 밝은 조명, 특히 자연광에 가까운 조명 사용
- **청각**: 에너지를 올리는 신나는 음악 활용
- **촉각, 온도감각**: 찬물 또는 얼음을 섭취하며 각성 강화, 찬물 세수, 스트레스 볼이나 피젯 장난감 만지기
- **고유감각, 전정감각**: 점프, 스트레칭, 요가 등 아침 10분 몸 깨우기 루

틴, 짐볼에 앉아 바운스, 스트레칭, 벽 대고 팔 굽혀 펴기 등
● **다양한 감각**: 숙제 전 음악에 맞춰 팔 흔들기, 제자리 뛰기 등 각성 리추얼

운동도 중요하다

운동은 감각 자극이 될 뿐 아니라, 도파민과 노르에피네프린도 증가시켜 각성을 올립니다. ADHD가 있는 사람 중에 운동을 좋아하고 잘하는 사람이 많습니다. 각성이 올라가고 주의력이 향상되니 운동을 선호하게 되는 것 같아요. 저도 조깅, 요가, 태권도, 수영, 테니스 등 다양한 운동을 즐겼고, 아버지도 공부는 안 하고 유도부를 하며 운동만 하셨다고 합니다.

운동은 뇌 발달과 인지 기능 향상에도 도움이 됩니다. 운동을 하면 뇌세포의 성장을 촉진하는 뇌유래신경성장인자(BDNF)가 분비되어 시냅스 형성과 신경가소성이 향상됩니다. 전전두피질과 해마 기능도 증진되어 집중력과 감정 조절 같은 실행 기능, 그리고 기억과 학습에도 도움을 줍니다.

운동이 ADHD 치료법이라고 할 수는 없으나, 신체와 뇌 발달에 필수적이라는 데는 이견이 없습니다. 아이에게 산책, 자전거, 줄넘기,

조깅, 요가, 수영, 태권도, 테니스, 배드민턴, 축구, 농구, 댄스 등의 운동을 접할 기회를 많이 줘보세요. 건강에도 도움되고, 자신감을 키우는 소중한 경험이 될 수 있습니다.

다만 운동을 싫어하거나 안 하려는 아이에게 억지로 시키려고 하면 오히려 반감을 키울 수 있습니다. 놀이 같은 움직임으로 즐거움과 흥미를 유발해보세요. "운동하자"보다 "숨바꼭질하자", "산책하자", "좀비 게임 하자", "댄스 배틀 하자", "베드민턴 내기 하자"가 훨씬 설득력 있습니다. 틈날 때마다 아이와 함께 밖으로 나가보세요. 단 10~20분의 활동만으로도 더 깨어 있는 아이를 만날 수 있을 거예요.

몸에 모터가 달린 것 같아요

ㅠㅠ 오해: 제어할 수 있는데 일부러 안 한다
^^ 진실: 과각성 상태가 쉽게 온다

나영이는 지루할 땐 금세 졸려 하다가도, 흥미 있는 일이 생기면 넘치는 에너지를 주체하지 못했습니다. 가만히 앉아 있지 못하고 계속 말을 하거나 돌아다녔죠. 나무, 정글짐, 미끄럼틀, 계단… 어디든지 올라갔다 뛰어내리기를 반복했습니다. 집에서는 안 올라간 가구가 없고 문들을 타고 거미처럼 오르거나, 대문 대신 담을 넘거나 창문을 타고 드나드는 걸 선호했어요. 나뭇가지에 올라 앉아 평화롭게 쉬던 때는 지금도 그립습니다.

ADHD가 있는 아이들은 평소에는 지루함을 느끼다가 흥미롭고 자극적인 일이 있으면 마치 조명이 번쩍 켜지듯 각성이 올라갑니다.

방금까지만 해도 멍하니 앉아 있던 아이가 좋아하는 것이 나오면 언제 그랬냐는 듯 초집중을 하기도 하죠. "집중이 안 되긴 뭐가 안 돼? 게임이나 자기가 좋아하는 거 나오면 엄청 집중하더니"라는 오해를 살 만도 합니다. 그러다가 잠자리에 들어야 하거나 차분해야 할 순간에도 과각성 상태가 계속되기도 합니다.

몇 년 전, 우리 집을 지을 때입니다. 안방 화장실을 어떻게 할지, 제 공부방은 어떻게 만들지 생각하면 신이 나서 잠이 잘 오지 않았습니다. 소풍 가기 전날 들뜬 아이처럼 잠을 설치다 새벽 대여섯 시면 깨서 또 그 궁리를 하곤 했습니다. 몇 달 동안을 과각성 상태로 보내서 남편이 뇌를 좀 끄라고 핀잔을 줄 정도였습니다.

일상 속 예시 : 과각성 상태

- 취침 시간이 되어도 뛰어다니고 "안 졸려요! 더 놀고 싶어요!"라며 흥분이 가라앉지 않는다.
- 친구 생일파티에서 신나서 뛰어다니다가 다른 아이들을 밀친다.
- 다른 시간에 멍하니 있다가, 체육 시간이 되자 흥분해서 뛰어다니다 넘어진다. 다시 교실로 와도 진정되지 않아 돌아다닌다.

- 식당에서 자리에 앉아 있지 못하고 손님들 사이를 위태롭게 뛰어다닌다.
- 새로운 장난감을 받고 좋아서 소리를 지르고 방 안을 계속 뛰어다닌다.

생존 전략: 뇌에 휴식을 선물하라

ADHD가 있는 아이가 과각성과 과잉행동을 보일 때는 스스로 진정하고 싶어도 잘 되지 않습니다. 무조건 혼내기보다는 규칙을 명확하게 알려주되 진정할 수 있는 방법도 가르쳐주세요. 뇌가 휴식을 취하도록 도와주기 위해서 앞의 브레이크 훈련(97쪽)에서 배운 이완 요법들도 시도해보세요.

뇌 휴식 실천법

- 무지개 호흡, 풍선 호흡, 가벼운 산책, 스트레칭 같은 이완 활동
- 느린 박자의 동요나 클래식 음악이나 자연 소리 듣기

- 명상 오디오. 점진적 근육 이완 명상 등을 듣고 따라하며 진정하기

근육 이완 명상

- 잠자리 루틴
  예) 잠자리 준비 열차. 정해진 시간이 되면 타이머가
  울리며 다음 정거장으로 이동

루틴 카드 모음

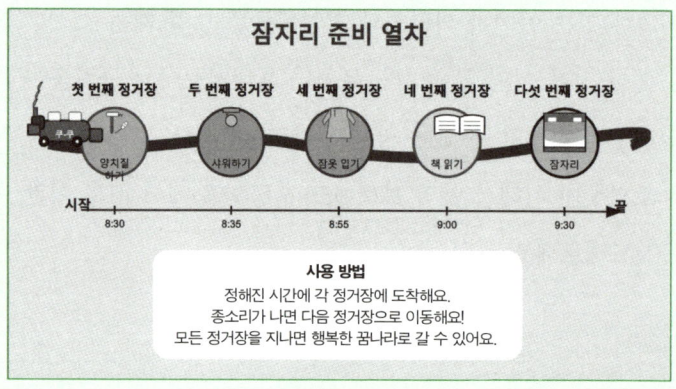

잠자리 루틴 만들어주기

잠자리 루틴표에서 마친 과정에 'DONE' 스티커 붙이기

잠은 필수! ADHD 아이 재우기

ADHD가 있는 아이들은 각성 조절이 어려워서 절반 정도가 수면에 어려움을 겪는다는 조사 결과가 있습니다. 활동량이 많은 아이가 매우 졸려한다면, 잠깐 낮잠을 자게 할 수도 있습니다. 이때 "30분만 자고 다시 할까?"처럼 시간을 제한하여 밤잠을 방해하지 않도록 합니다.

밤에는 잔잔한 음악을 틀거나 책을 읽어주면서 에너지를 낮춰주도록 합니다. 잠자리 루틴에 아이와 나란히 앉아 책을 읽어주는 '책 놀이 요법'을 추가해보세요(『세상에서 가장 쉬운 본질육아』 '독서가 놀이가 되게 하라' 155~158쪽 참고). 뇌를 진정시켜줄 뿐 아니라, 부모와 함께한 따뜻한 기억으로 남는 리추얼이 될 것입니다. 이와 함께 20초 허그와 명상, 호흡도 더해 아이가 기다리는 잠자리 루틴을 만들어보세요.

모든 아이가 건강하게 성장하기 위해 잠을 잘 자는 것은 필수입니다. 미국수면학회(American Academy of Sleep Medicine)에서는 낮잠 시간을 포함한 적정 수면 시간을 다음과 같이 권장합니다.

- 미취학 아동(3~5세): 10~13시간
- 학령기 아동(6~12세): 9~12시간

- 청소년(13~18세): 8~10시간
- 성인: 7~9시간

수면이 부족하면 주의력, 기억력, 문제 해결력, 계획력 같은 인지 기능이 떨어지고, 감정 조절도 어려워집니다. 학습한 내용들을 장기 저장하는 '기억 공고화'가 수면 중에 일어나기 때문에, 공부 시간만큼 중요한 게 수면 시간입니다. ADHD가 있는 아이에게 잠을 줄여가며 공부를 시킨다면 뇌 기능 전반이 더욱 악화될 수 있습니다.

저는 잠을 충분히 못 자면 다음 날 몸 전체가 찌뿌둥하고 괴롭습니다. 집중력도 급격히 떨어지고 신경질적으로 됩니다. 안 그래도 여러 가지 뇌 기능이 취약한데 잠까지 부족하니 상태가 최악으로 치닫는 거죠.

이런 저에게 이틀에 한 번 당직이었던 인턴 시절은 '잠 고문'의 연속이었습니다. 하는 일마다 실수 연발이었고, 수술방에서 계속 졸다가 쫓겨나기도 했습니다. 그때 다짐했습니다. 잠을 잘 못 자는 일은 천만금을 준다 해도 하지 않겠다고요. 저에게 숙면보다 중요한 것은 별로 없습니다.

숙면을 위한 수면 위생

잠을 잘 자는 데에는 적절한 환경과 루틴이 매우 중요한데요. 이것을 '수면 위생'이라고 합니다. 호흡기 감염을 예방하려면 손을 잘 씻고 마스크를 써야 하는 것과 같은 개념입니다. 수면 위생에서 가장 중요한 것은, 잠자리에 드는 시간과 일어나는 시간을 일정하게 유지하는 것입니다. 앞서 소개한 저녁 루틴과 잠자리 루틴을 활용해서 규칙적인 수면 습관을 만들어보세요(루틴표 74쪽 참고).

감각 자극은 각성을 올리므로, 침실은 어둡고 조용할수록 좋습니다. 암막 커튼이나 수면 안대를 사용하면 빛을 차단하는 데 큰 도움이 됩니다. 저는 여행 중에도 수면 안대를 꼭 챙기고, 집에도 여러 개를 준비해둡니다. 안대를 쓴 날과 안 쓴 날의 차이가 아침에 일어나면 바로 느껴지기 때문입니다. 아이들은 안대 착용을 불편해할 수 있으니, 빛이 나오는 곳을 테이프나 커튼으로 막아주세요. 청각이 예민한 아이라면 소음이 없는 환경이 중요합니다.

카페인은 뇌가 졸음을 느끼는 것을 방해하므로 늦은 오후나 저녁 시간에는 섭취를 피하도록 합니다. 커피나 차뿐만 아니라 초콜릿, 콜라 등에도 카페인이 들어 있습니다. 저는 오후 2시 이후에는 콜라도 마시지 않습니다.

수면 시간 두 시간 전에는 식사나 음료를 삼가합니다. 소화를 시키는 것이 수면을 방해하기도 하고, 밤에 화장실을 가야 되면 잠을 깨게 되니까요. 수면 한 시간 전에는 각성을 올릴 수 있는 격한 운동이나 게임은 피하는 게 좋습니다. 가벼운 운동, 요가, 스트레칭 등 몸과 마음을 차분하게 하는 것은 괜찮습니다.

숙면을 위한 디지털 디톡스

전자기기의 스크린에서 나오는 블루라이트는 수면 호르몬인 멜라토닌의 분비를 방해합니다. 따라서, 잠자기 한 시간 전에는 전자기기를 사용하지 않는 것을 추천합니다. 요즘은 아이나 어른이나 전자기기 없이 지내는 것을 힘들어하죠. 그런 경우, 스마트폰이나 태블릿을 침실에 두지 않는 것만으로도 수면의 질이 좋아집니다.

휴대폰으로 SNS나 짧은 영상들을 보는 것이 휴식처럼 느껴지지만, 사실 뇌는 제대로 쉬는 것이 아닙니다. 오히려 끊임없는 시각과 청각 자극으로 뇌는 더 각성되거나 피로해질 수 있습니다. 차분하게 책을 읽어주거나 호흡과 명상으로 뇌를 이완시킨 후 잠드는 것이 뇌의 회복과 숙면에 훨씬 좋습니다. 앞서 소개한 점진적 근육 이완 명상과 함께, 청소년이라면 『들숨에 긍정 날숨에 용기』, 성인이라면 『나를 위한 용기』에 실린 다양한 명상법을 활용해보세요. 명상을 따라 하다

보면 뇌와 몸이 이완되면서 스르르 잠들 수 있습니다. 저도 자기 전이나 자다가 깼을 때, 4-2-4 또는 4-7-8 호흡을 하며 잠들곤 합니다. 디지털 기기 없이 꿀잠 자고 맞는 아침, 몸과 뇌가 얼마나 가볍고 개운한지, 온 가족이 느껴보세요.

청소년기에 디지털 기기를 제한하는 루틴을 갑자기 시작하면 아이와 부모의 갈등이 커지고 효과도 미미합니다. 하지만 어릴 때부터 온 식구가 스크린 없는(Screen-free) 루틴을 함께 실천하면 자연스럽게 습관이 될 수 있습니다.

침실에 휴대폰을 들고 가지 않는 '미니 디지털 디톡스'를 온 가족이 해보세요. 부모도 함께 한다는 것이 아이들에게 큰 지지가 됩니다. 침대맡에는 책과 은은한 독서등을 마련해두면 좋습니다.

휴대폰 없는 침실 루틴은 숙면뿐 아니라 하루를 주도적으로 여는 습관을 키워줍니다. 휴대폰이 침대맡에 있으면 아침에 눈을 뜨자마자 손이 가게 되죠? 오늘 하루, 폰이 이끄는 삶을 살 것인지, 내가 이끄는 삶을 살 것인지 결정되는 순간입니다. 여러분의 선택은 무엇인가요? 자연스레 아이에게 영향을 미칠 수 있도록 부모 먼저 디지털 디톡스를 루틴으로 만들어보세요.

> 🔍 **디지털 디톡스 실천법**
>
> - **잠자리 루틴:** 책 놀이 요법, 스트레칭, 호흡과 명상 등으로 몸과 뇌를 이완하고, 평화롭게 하루를 마무리하는 리추얼 실천
> - **전자기기 없는 침실:** 전자기기를 침실 밖에 두는 루틴, 취침 전 한 시간 동안 전자기기 쓰지 않는 등의 미니 디지털 디톡스 루틴을 가족이 함께 실천
> - **모범 보이기:** 부모가 먼저 전자기기를 멀리하고 책 읽기나 명상 습관 실천

✨ 단점이 장점이 되는 마법: 각성의 파도를 타고 서핑

ADHD가 있는 아이는 각성 조절이 어렵기 때문에, 지루함과 흥분 사이에서 저각성과 과각성을 파도처럼 오르내립니다. 그래서 학교나 직장에서 흐름을 맞추기 어렵고, 일상에서 건강한 루틴을 유지하기도 힘듭니다.

그러나 이 '각성의 파도'가 상황에 따라 강점이 되기도 합니다. 먼저, 높은 각성 상태는 강력한 에너지와 몰입의 원천이 될 수 있습니다. 평소에는 집중이 안 되다가, 긴박한 상황에서 오히려 각성이 최

적화 되어 뛰어난 능력을 발휘하는 것이죠. 예를 들어 응급실 의료진, 소방관, 구조대원처럼 긴급한 환경에서 일하는 경우 강점이 될 수 있습니다.

각성의 파도는 창의적 작업에도 도움이 될 수 있습니다. 낮은 각성 상태에서는 자유로운 연상과 꿈꾸는 듯한 몽상이 가능합니다. 높은 각성 상태에서는 폭발적인 에너지로 아이디어를 실행에 옮길 수 있습니다. 위기가 닥쳤을 때는 과각성 상태로 돌파구를 뚫어 문제를 해결할 수도 있습니다. 예술가, 작가, 창업가들에게서 이런 패턴이 흔히 보입니다.

저도 글을 쓸 때 이런 패턴을 경험합니다. 집중해서 한참 글을 쓰다 보면, 머리가 지끈해지고 에너지가 뚝 떨어질 때가 있습니다. 그러면 소파에서 강아지와 뒹굴거나 낮잠을 자기도 해요. ADHD 약을 복용하면 더 오래 집중할 수는 있습니다.

그렇지만 자연스러운 뇌의 리듬을 따를 때, 오히려 막혔던 부분에 대한 답이 떠오르는 경험을 자주 합니다. 몽롱한 상태로 쉬고 있을 때, "아하!" 하는 순간이 찾아오는 것이죠. 그래서 시간적 여유가 있다면 인위적인 집중보다 자연스러운 각성의 흐름을 따르는 것을 더 좋아합니다.

이처럼 각성 조절의 어려움은 특별한 재능의 원천이 될 수도 있습니다. 아이의 각성 패턴을 관찰하면서, 필요할 때 적절한 전략으로 각성 조절을 도와주세요. 이런 과정을 통해 아이는 각성의 파도를 타고 서핑을 하듯, 자신만의 리듬을 찾아가게 될 것입니다.

보상 처리

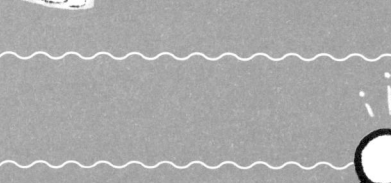

관심 없는 일은 손도 안 대요

ㅠㅠ 오해: 하려는 의지가 약하다
^^ 진실: 도파민이 부족하다

나영이는 상벌에 크게 개의치 않는 아이였습니다. 쉬는 시간에 창틀에 올라가다 야단 맞아도, 매번 숙제를 내지 않아 혼나고 점수가 깎여도 별 영향이 없었죠. 발표 준비를 못 해서 앞에서 버벅여도 그리 창피해하지 않았고요. 엄마가 "잘 씻으면 단정해 보여"라고 해도 씻기를 싫어했고, "그러면 병균이 입에 들어가"라는 말에도 계속 손톱을 물어뜯곤 했습니다.

이런 아이의 모습을 보면 부모의 마음은 답답해집니다. 보상이나 불이익이 효과가 없으니, 이 '말 안 듣는 아이를' 어떻게 지도해야 할지 막막하죠.

일반적인 아이들에서는 어떤 행동에 보상이 따를 거라고 예상하는 것만으로도 보상회로가 돌아가 도파민이 분비되면서 동기가 생깁니다. 예를 들어, 숙제를 했을 때 엄마가 칭찬해준 경험이 쌓이면, '숙제를 해야지'라는 생각만으로도 도파민이 올라가 숙제를 하게 되는 거죠.

일반적으로 동기는 다음 3가지 요소가 복합적으로 작용해서 생깁니다.

① 보상(접근 동기): 긍정적인 보상을 얻으려고 한다.
  예) '숙제를 하면 엄마가 칭찬해줄 거야.'
② 결과(회피 동기): 부정적인 결과를 피하려고 한다.
  예) '숙제를 안 하면 선생님께 혼날 거야.'
③ 중요성(가치 기반 동기): 중요한 의미가 있기 때문에 한다.
  예) '숙제를 꾸준히 하면 성적이 좋아지고, 좋은 대학에 갈 수 있을 거야.'

ADHD 뇌, 보상회로가 미숙하다

ADHD 뇌는 보상회로가 미숙하고 도파민 시스템도 취약해, 보상이 예상되어도 도파민이 잘 분비되지 않습니다. '숙제를 끝내면 칭찬받고 게임할 수 있다'는 것을 알면서도, 막상 숙제 생각을 하면 도파민이 나오지 않는 것이죠. 여기에 시맹까지 있으니, 미래의 보상은 멀게만 느껴져서 입시 공부 같은 장기 계획은 도무지 손에 잡히지 않습니다.

저 역시 장기적인 결과를 위해 노력하는 것이 어렵습니다. 남편은 제가 콜레스테롤이 높고 과체중인데도 식사 조절이나 규칙적인 운동을 못 하는 걸 보고, "의지가 약하다"라고 합니다. ADHD가 있는 아이들도 "너는 의지가 약해. 하면 될 텐데 왜 안 하니?"라는 말을 흔히 듣죠. 답은 간단합니다.

"당신도 도파민이 이렇게 안 나오면 못 했을 거예요."

일상 속 예시: 보상 처리 취약성

- "숙제를 안 해 가면, 선생님께 혼날 거야"라는 말에 "알아요"라고 한 후, 밤 늦게까지 게임만 한다.
- 좋아하는 운동은 열심인데, 공부는 전혀 하지 않는다. 좋은

대학교 가고 싶다고 말은 하지만, 목표를 위해 필요한 입시 공부를 하지는 않는다.
- 활동 자체보다 즉시 주어지는 보상에만 집중한다. "이거 다 풀면 뭐 주세요?"라고 묻고, 특별한 보상이 없다고 하면 흥미를 잃는다.
- 저금통에 돈을 모으기 시작했지만, 일주일 후 사고 싶은 장난감을 보고 즉시 저금통을 깨서 산다.
- 친구들과 장난감을 나눠 쓰면 더 재미있다는 것을 알면서도, 당장의 만족을 위해 혼자 가지고 논다.

생존 전략:
맞춤 보상 체계를 만들어라

이처럼 보상회로가 잘 돌아가지 않는 ADHD 뇌, 과연 어떻게 동기를 일으킬 수 있을까요?

영국 노팅엄 대학 연구팀은, 아이들이 과제를 잘 수행할 때 1점 또는 5점의 보상을 주면서 뇌의 활성 패턴을 관찰했습니다. 일반 아이들은 점수와 무관하게 과제 수행 시 기본 모드(멍때림 모드) 활성도

BOOK21

신간 및 베스트셀러

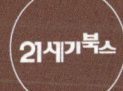 21세기북스는 급변하는 시대의 흐름 속에서 독자의 요구를 먼저 읽어내는 예리한 시각으로 〈칭찬은 고래도 춤추게 한다〉, 〈설득의 심리학〉 등 밀리언셀러를 출간하며 경제 경영 자기계발 분야의 독보적인 브랜드로서 자리매김했습니다.

 21cbooks　　 jiinpill21　　 21c_editors

 북이십일의 문학 브랜드 아르테는 세계와 호흡하며 세계의 우수한 작가들을 만납니다. 국내에 소개되지 않은 혹은 잊혀서는 안 되는 작품들에, 새로운 가치를 담아 재창조하여 '깊고 아름다운 책'을 만들고자 합니다.

 21arte　　 21_arte　　 staubin

베스트셀러

법의학자 유성호의 유언 노트
후회 없는 삶을 위한 지침서
유성호 지음 | 값 19,900원

"오늘의 유언이 내일의 삶을 위한 다짐이 된다!"
『나는 매주 시체를 보러 간다』 이후 6년, 매일 죽음을 만나는
유성호 교수가 1년에 한 번 '유언'을 쓰며 발견한 삶의 본질과 태도

입시를 책임지는 초3 수학 캠프
고학년 되기 전, 상위 1% 수학머리를 완성하라
류승재 지음 | 값 22,000원

"초3 수학이 수능 1등급을 결정한다!"
10년 뒤 대입까지 흔들리지 않는 수학 체력!
28년차 베테랑 수학 강사 류승재의 초격차 수학 강의

뇌가 멈추기 전에
서울대학교병원 뇌신경학자의 뇌졸중을 피하고
건강하게 오래 사는 법
이승훈 지음 | 값 19,900원

"앞으로 당신의 인생에 뇌졸중은 없습니다"
방치된 혈압, 혈당, 콜레스테롤, 심장 리듬을 되찾고
4가지 단계별 전략으로 백년 가는 뇌를 만들어라

오징어약사의 혈당 블로킹
식습관, 운동, 수면, 영양제까지 혈당 스파이크를 막는 4가지 방패
오징어약사(김선영) 지음 | 값 19,000원

당뇨 전 단계를 진단받고 약 없이 정상 수치를 회복한 현직 약사의
'3+1 혈당 블로킹' 전략! 식재료 선택부터 식사법, 운동법, 수면 루틴 등
혈당 관리를 위한 구체적 실천 도구를 제공한다

아이의 말 연습
무례함을 참지 않고 당당하게 말하는 대화 연습
김성효 지음 | 값 19,900원

"말하기도 연습이 필요합니다!"
대한민국 45만 교사들의 멘토, 28년 차 현직 교사의 생생한 인사이트
부모와 함께 감정을 이해하고 표현하는 연습하기

스테디셀러

곰탕 1, 2 (10만 부 판매 기념 에디션)
김영탁 지음 | 각권 값 17,900원

가장 돌아가고 싶은 그때로의 여행이 시작되었다!
영화 〈헬로우 고스트〉〈슬로우 비디오〉김영탁 감독 첫 장편소설
독자들이 열광한 화제의 베스트셀러 10만 부 판매 기념 에디션

프레임
"최상의 프레임으로 삶을 재무장하라!"

최인철 지음 | 값 22,000원

프레임을 바꾸면 문제를 바라보는 관점이 바뀌고 마음가짐이
바뀌며 나아가 삶이 변화한다. 일생에 한 번은 꼭 읽어야 할
심리학 바이블이자 50만 독자가 선택한 스테디셀러

노희영의 브랜딩 법칙
기획, 개발부터 마케팅, 컨설팅, 경영까지!
전무후무한 브랜드 전략가의 30년 노하우

노희영 지음 | 값 22,000원

30여 개 브랜드의 성공 과정을 통해 트렌디한 콘셉팅 노하우,
허를 찌르는 마케팅 전략, 경영 기본 원칙, 퍼스널 브랜딩 방법 등
노희영을 대체 불가능한 존재로 거듭나게 한 비밀을 보여준다

세상에서 가장 쉬운 본질 육아
삶의 근본을 보여주는 부모, 삶을 스스로 개척하는 아이

지나영 지음 | 값 18,800원

"본질에 집중할 때, 내 아이가 빛나기 시작한다!"
한국인 최초 존스홉킨스 소아 정신과 지나영 교수가 전하는
궁극의 육아법
대한민국에 새 물결을 일으킬 육아 필독서!

천 번을 흔들리며 아이는 어른이 됩니다
사춘기 성장 근육을 키우는 뇌·마음 만들기

김붕년 지음 | 값 17,800원

"아이 스스로 불안을 마주하게 하라!"
대한민국 사춘기 부모&자녀 멘토 김붕년 교수의
예민한 시기를 넘어 단단한 인생으로 이끄는 성장 법칙

새로 나온 책

까불지 마, 인생 안 끝났어
인생 9할을 웃음으로 버틴 순자엄마의 65년 인생 내공 에세이
순자엄마(임순자) 지음 | 값 15,900원
"오늘도 조졌다고? 원래 그려. 살아보면 알아, 별일 아녀. 다 지나가!"
가난한 공장 소녀에서 쿨한 시어머니가 되기까지
순자엄마가 고단한 이들에게 전하는 세상에서 가장 따뜻한 응원

영수와 0수
김영탁 지음 | 값 17,900원
"죽기 위해 살려야만 하는 독특한 이야기!"
천선란 작가, 넷플릭스 〈D.P.〉 한준희 감독 강력 추천
웃음과 눈물, 재미와 사유가 함께하는 SF 미스터리
한국 SF 문학의 새 지평을 연 『곰탕』 김영탁 감독의 신작 장편소설

수연이네 사 남매 사계절 완밥 레시피
30분 만에 한 그릇 뚝딱하는 베스트 메뉴
유수연 지음 | 값 28,000원
"입 짧은 아이도 싹 비우는 완밥의 기적!"
'사계절 제철 식재료'부터 '아빠표 특별 레시피'까지
100만 인플루언서 수연이네의 온 가족 사계절 레시피 100선

어차피 내 인생, 망해도 멋있게
지옥에 첫발을 내딛는 너에게 꼭 들려주고 싶은 150가지 진심
이현석 지음 | 값 19,000원
"눈치 보지 마, 비교하지 마, 너의 속도대로 걸어가"
지친 하루하루를 보내는 젊은 세대에게 어설픈 위로보다
진심 어린 팩폭을 던지며 한 걸음 더 걸어갈 용기를 북돋워준다

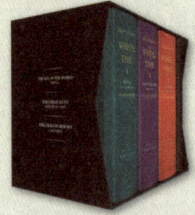

휠 오브 타임(전3권)
로버트 조던 지음 | 값 165,000원
『반지의 제왕』『왕좌의 게임』그 이상의 세계,
세계 3대 하이 판타지 『휠 오브 타임』한국어판 최초 출간!
차원이 다른 깊이와 스케일, 당신의 독서 인생을 뒤흔들 세기의 걸작
아마존 오리지널 드라마 〈휠 오브 타임〉 원작

새로 나온 책

제3의 응전
기계·인터넷·AI, 기술 혁명에 응답한 인간의 전략
모종린 지음 | 값 19,800원
"기술은 진보했고, 인류는 '문화'로 응전했다."
인간을 위한 기술, 그 방향을 묻다!
문화경제학자 모종린 교수의 AI 사회 리포트

치매 해방
알츠하이머병 세계적 권위자가 30년 연구로 밝힌 뇌 건강 프로젝트
묵인희 지음 | 값 19,900원
"깜빡깜빡하는 뇌가 두렵다면 누구나 읽어야 한다!"
발병 원인부터 조기 진단, 예방과 치료에 관한 가장 최신의 연구
뇌 인지능력 개선을 위한 두뇌 혁명 가이드

착하고 섬세하고 독특하고 완벽주의자인 당신을 위한 문장들
심리학자가 선사하는 고리타분한 말이 '삶의 언어'가 되는 순간
황준선 지음 | 값 17,000원
"나다운 삶을 위한 문장, 심리학의 시선으로 짚다!"
시대를 건너온 명사들의 힘 있는 말과 그 속에 담긴 인간 심리의 통찰
조용히, 하지만 깊게 스며드는 생활밀착형 인문·심리 자기계발서

데카르트의 아기
세계적 심리학자 폴 블룸의 인간 본성 탐구
폴 블룸 지음 | 김수진 옮김 | 값 22,000원
생각하는 존재의 탄생 - 인간성은 어디서 오는가?
현대 인지과학과 철학적 인간 이해의 핵심을 재정립한 명저!
스티븐 핑커가 극찬한 현대 심리학 필독서!

J.R.R. 톨킨 동화 선집(전5권)
어른을 위한, 아이와 함께 읽는 철학 동화
J.R.R. 톨킨 지음 | 크리스티나 스컬, 웨인 G. 해먼드, 벌린 플리거 엮음 | 값 128,000원
J.R.R. 톨킨이 지혜와 유머로 빚어낸 판타지 동화 선집
영국 유명 삽화가 폴린 베인스의 아름다운 삽화와 고품격 디자인으로
완성한 '책을 사랑하는 모든 이'들을 위한 특별 기프트 에디션

새로 나온 책

80/20 법칙, 80/20 법칙(행동편)
리처드 코치 지음 | 공병호, 박영준 옮김 | 값 각 24,000원

"사소한 것에 매달리지 마라,
모든 것을 결정하는 20%에 몰두하라!"
세계적 자기계발 대가들이 실천하는 성공 불변의 법칙

나이 들 용기
아들러 심리학 대가 기시미 이치로가 전하는 나이 듦의 지혜
기시미 이치로 지음 | 값 18,800원

"인생은 마라톤이 아니라 춤이다!" 200만 부 베스트셀러
『미움받을 용기』의 저자 기시미 이치로의 또 다른 위로
지금 이 순간부터 당당하고 자유롭게 살아가는 용기

독재자는 어떻게 몰락하는가
국가는 어떻게 살아남는가
마르첼 디르주스(Marcel Dirsus) 지음 | 정지영 옮김 | 김만권 해제 | 값 30,000원

이코노미스트 선정 2024 최고의 책
소련공산당정치국 10년 연구·콩고민주공화국 현장연구
독재의 태생적 한계와 민주주의의 새 가능성을 밝히다

샤프
세계 최고 의료기관이 인증한 뇌과학으로 삶을 바꾸는 행동 전략
터리스 휴스턴 지음 | 값 22,000원

"우리 뇌는 처음부터 똑똑했다. 제대로 못 쓰고 있었을 뿐!"
멍한 정신을 예리하게 가다듬는 실용적·과학적 실천 가이드
단순하지만 강력한 14가지 두뇌 활용법

철학의 정원
2000년 지성사가 한눈에 보이는 철학서 산책
시라토리 하루히코 지음 | 박재현 옮김 | 값 25,000원

"철학의 문턱을 낮추고, 생각의 깊이를 높이다!"
시대의 고전 100권으로 읽는 인류 지성사의 대도감
밀리언셀러 『초역 니체의 말』 시라토리 하루히코 신작

가 낮았습니다. ADHD가 있는 아이들은 1점을 줄 때는 기본 모드 활성도가 높았고, 5점을 줄 때는 일반 아이들과 비슷하게 낮아졌습니다. 쉽게 말해, 1점을 줄 때는 딴 생각이 계속 나다가, 인센티브가 5배가 되자 멍때림 모드가 꺼지고 집중할 수 있게 된 것이죠. 이 변화는 놀랍게도 자극제 치료의 효과와 비슷한 정도였습니다.

여기서 인센티브란 꼭 물질적인 보상이 아니라, 아이에게 매력적인 다른 요소일 수 있습니다. 그렇다면, ADHD 뇌의 보상회로를 자극하는 큰 인센티브에는 어떤 것들이 있을까요?

ADHD 전문 정신과 의사 윌리엄 도드슨(William Dodson)은, ADHD 뇌에 강한 인센티브가 되는 요소 4가지를 정리했습니다. 바로, 흥미, 도전, 신선함, 긴급성입니다. 이 요소들이 마치 1점을 5점으로 올리는 인센티브처럼 작용해 도파민을 분비하고 멍때림 모드를 끄는 거죠. 아이가 해야 하는 활동에 이런 요소를 주입하면 동기부여가 훨씬 수월해질 수 있습니다.

특히 부모가 아이의 동기를 유발하는 요소를 적극적으로 찾아보면 좋습니다. 20명 이상의 아이들을 지도하는 교사가 각각의 아이에 맞는 요소를 찾아서 적용하기는 현실적으로 어려우니까요.

이제 각각의 요소를 적용해 동기를 부여하는 구체적인 전략을 알아보겠습니다.

흥미(Interest)

재미가 있어야 도파민이 올라갑니다. "어떻게 재미있는 것만 하고 살아요? 재미없는 것도 할 줄 알아야죠"라고도 많이 말하죠. 그런데 '재미'를 다른 시각으로 볼 필요가 있습니다. 단순히 노는 것만 재미있는 게 아니고, 배우는 것도 충분히 재미있을 수 있습니다.

먼저, 아이가 관심을 가지는 요소를 학습에 연결해볼 수 있습니다. 예를 들어, 아이가 뽀로로를 좋아한다면, 수학 문제를 뽀로로와 연결해봅니다.

"뽀로로가 빵을 5개 만들었어요. 그런데 루피가 2개를 먹어버렸어요. 그럼 뽀로로와 친구들이 먹을 수 있는 빵은 모두 몇 개일까요?"

게임의 재미 요소를 적용해 동기를 높이는 '게임화(Gamification)' 전략도 효과적입니다. 게임화는 흥미와 도전, 또 즉각적인 보상 효과가 있어 강력한 동기부여가 됩니다. 간단하게는, 아이가 할 일을 마칠 때마다 별을 붙이거나 체크해주는 진행 차트를 써보세요(보상 시스템 110쪽 참고). 스티커나 토큰처럼 눈에 보이거나 손으로 만질 수 있는 보상이 좋습니다.

다만 "이번엔 몇 점 받을까?" 하는 외적 보상에만 지나치게 의존하지 않도록 주의해야 합니다. 궁극적으로는 "내가 해냈다!"는 성취감과 만족감, 뿌듯함 같은 내적 동기로 이어지도록 훈련하는 것이 중요합니다.

흥미를 이용한 동기부여 실천법

- **시각적 자극을 좋아하는 아이:** 새 영어 단어를 배울 때마다 관련 그림을 그리거나 오려 붙임
- **청각적 자극을 좋아하는 아이:** 중요한 정보를 노래나 운율이 있는 구절로 만들어 기억. 배운 내용을 녹음해 자신만의 미니 팟캐스트를 만들어 반복 청취
- **SNS 포맷 활용:** 역사적 인물의 SNS 프로필을 만들고, 주요 사건을 게시물로 작성하는 과제
- **게임화:** 완성해야 할 과제에 게임의 요소 주입
  예) 세계지도: 벽에 붙여놓고 과제를 완료할 때마다 영토를 확장
  예) 미션 보드: 출발지에서 목적지까지 과제가 있는 칸 작성. 일부 칸에는 '보너스', '보물 상자', '휴식 오아시스' 같은 특별 이벤트 삽입. 한 과제를 완료할 때마다 스티커 부착. 이벤트 칸이 되면 10분 동안 좋아하는 활동하기, 간식 선택권 같은 작은 추가 보상. 목적지에 도달하면 '레벨 1'을 달성하고, 새로운 보드에서 '레벨 2'에 도전. 각 레벨 달성 시 조금씩 더 특별한 보상을 제공

보상 시스템

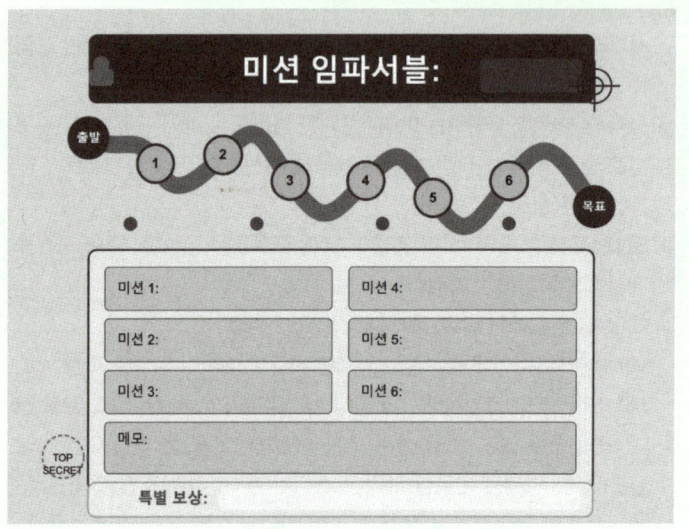

도전(Challenge)

적당한 도전감은 강한 동기를 불러일으킬 수 있습니다. '내가 이걸 할 수 있을까? 못 할까?' 하는 심리가 도파민 분비를 촉진하는 거죠. 다만 도전이 너무 과하거나 너무 쉬우면 효과가 떨어지니 적절한 수준을 찾아야 합니다.

아이가 작은 성공 경험을 자주 할 수 있게, 조금만 노력하면 80~90% 성취할 수 있는 수준이 좋습니다. 반응을 관찰하며 조율하되, 스트레스가 아닌 재미와 도전으로 느끼도록, 충분히 내용을 습득한 뒤에 난이도를 서서히 올리세요.

실패해도 괜찮고 다시 도전하면 된다는 편안한 마음으로 하게 해주세요. 중간에 지루하지 않도록 "지금 4분의 1 했네, 두 개 더 하면 반이나 했네"처럼 경과를 알려주면 좋습니다. 도전적인 활동을 집중해서 한 후에는 성공 여부에 관계 없이 "와~ 열심히 도전했네! 이제 5분간 쉬자"라면서 회복 시간을 가지도록 합니다.

도전을 이용한 동기부여 실천법

- "지난번에는 방 정리를 12분 만에 끝냈는데, 오늘은 10분 안에 할 수 있을까?"처럼 자기 기록을 깨는 경쟁 요소 주입
- "지난번에는 줄넘기를 15번 연속으로 했는데, 오늘은 17번에 도전해 볼까?"처럼 약간의 향상을 목표로 제안
- '오늘의 특별 도전 문제'라는 봉투 안에는 그동안 배운 내용을 종합해야 풀 수 있는 문제를 넣어 호기심과 도전의식을 자극
- "우리 가족이 주말까지 퍼즐을 완성할 수 있을까?" 같은 공동의 도전 과제 설정
- "오늘 학교에서 한 명의 친구에게 먼저 친절하게 인사하는 데 도전해 볼래?"처럼 사회성을 올리는 도전 제안

신선함 (Novelty)

누구나 반복적인 일을 오래 하면 지루해지고, 새로운 자극을 접하면 정신이 번쩍 들면서 집중력이 올라갑니다. 하지만 ADHD가 있는 아이들은 도파민 시스템과 각성 조절 기능이 취약해, 이 차이가 훨씬 극적으로 나타납니다. 그래서 강한 자극과 새로운 것을 추구하는 성향(Novelty seeking)이 높은 편이죠.

그렇다 보니 취미나 학원 활동도 금세 싫증을 낼 수 있습니다. 이럴 땐 학원을 짧은 기간으로 등록해 시험 삼아 경험해보도록 하세요. 처음부터 큰 투자를 하기보다 다른 곳으로 옮길 수 있다는 것을 미리 예상해두는 편이 좋습니다.

나영이는 수업 시간에 선생님이 교과서를 읽어주면 눈을 반짝이며 흥미롭게 들었습니다. 사교육이나 선행 교육을 받지 않아서 학교에서 배우는 모든 것이 새로웠죠. 과학이 최애 과목이었는데요. 지층이 만들어지는 것, 식물이 광합성을 하는 것, 진동이 소리가 되는 것 등이 신비롭기까지 했습니다.

ADHD가 있는 아이의 학습을 도와줄 때, 가능하면 새롭고 다양한 방식으로 학습에 접근해보세요. 예를 들어, 평소와 다른 방식으로 문제를 풀거나 시청각적 자료 같은 다양한 요소를 추가해봅니다. 지루하지 않도록 과제를 전환하는 것도 도움이 됩니다. 저도 의과대학에서 많은 양의 공부를 할 때, 지루하지 않도록 과목을 바꾸어가면서

했습니다. 예를 들어, 내과, 산부인과, 소아과 공부를 한 시간씩 바꿔 가면서 하는 거죠.

새로운 발견의 순간은 ADHD가 있는 아이들에게 강렬한 인상을 남기고, 큰 동기로 작용합니다. 반면, 과도한 선행 교육이나 반복적인 학습은 동기를 저하시킬 수 있으니 유의하세요.

신선함을 이용한 동기부여 실천법

- 연산을 배울 때 블록이나 장난감을 활용해 3D로 더하고 빼기
- 학습한 내용을 부모에게 가르치는 '선생님 놀이'를 통해 복습
- 일반 문제지 대신 보드게임, 젠가 블록 뽑기 같은 게임 형식의 퀴즈를 통해 학습
- 태블릿으로 디지털 노트, 컬러 펜 사용, 오디오로 녹음 등 다양한 미디어를 활용한 학습
- 다양한 감각 자극 활용: 영상 → 조작 교구 → 오디오북 → 운동 감각적 학습 등으로 전환
  예) 10분 책 읽기 → 10분 교육 영상 → 10분 만들기
- 과목을 전환하며 학습. 25분 국어 → 5분 스트레칭 → 25분 수학 → 5분 간식 타임 → 25분 과학. 아이의 집중 주기에 따라 조절

긴급성 (Urgency)

우리의 뇌는 긴급한 상황이 닥치면 교감신경을 활성화하고 도파민과

노르에피네프린을 분비해 각성과 주의력을 올립니다. 학습을 할 때도 긴급한 상황을 가상으로 설정하거나, 마감 시간을 설정해주어 아이의 주의력을 올릴 수 있습니다. 예를 들어, 우주비행사가 되고 싶어 하는 아이라면, "지금 이 문제를 풀어내면, 우주정거장에 갇혀 있는 우주비행사를 구출할 수 있어!" 같은 설정을 하는 거죠.

ADHD가 있는 아이에게 기한, 데드라인(Deadline) 같은 마감 시간을 정해주면 긴급성을 더할 수 있습니다. 언제까지 어떤 과제를 마쳐야 하는지 달력이나 캘린더 앱에 표시해서 잘 보이는 곳에 둡니다. 다만, 긴급한 상황은 스트레스나 불안을 유발할 수 있습니다. 따라서 평소에 자주 쓰기보다 시험 준비나 중요한 과제가 있을 때 활용하면 좋습니다.

저는 시험 날짜를 정하면 절대 미루지 않는다는 저만의 룰이 있었습니다. 미국 의사국가고시는 시험 날짜를 변경할 수 있었어요. 그렇지만 시험을 미룰 수 있다는 생각이 들면, 긴급성이 떨어져 집중이 흐트러지는 저의 특성을 알았기에 룰을 지켰죠. 책을 쓸 때도 출판사와 약속한 원고 마감일이 주는 부담이 싫기도 하지만, 기한이 없으면 한없이 늘어지는 저 자신을 알기에 그것을 받아들입니다.

의대생과 의사 중에도 ADHD 증상을 보이는 경우가 드물지 않게 있습니다. 제가 가르치던 존스홉킨스 소아정신과에도 ADHD 때문에 힘들어하던 전임의가 있었어요. 다른 의대 교수가 가르치는 학생 중에도 ADHD가 있는 학생이 있었다고 합니다. 그 의대생은 암기해야 할 것이 많은 해부학을 매우 힘들어했습니다. 저도 해부학이 힘들었고, 동기 중에 거의 꼴찌였죠.

목 부위 해부가 어려워서 끙끙대고 있는 학생에게 교수가 다가왔습니다.

"자네가 정말 존경하거나 좋아하는 사람이 있나?"

"존 F. 케네디를 존경합니다."

"지금 케네디 대통령이 목에 심각한 외상을 입고 응급실에 왔네. 자네의 해부학 지식으로 빨리 목숨을 구해야 해. 1분, 1초가 생사를 좌우하는 상황이니 최선을 다해보게."

어떤가요? 이 책을 읽고 있는 여러분도 정신이 번쩍 들지 않나요? 이 시나리오는 '긴급성' 뿐만아니라, '흥미'도 자극했죠. '나의 영웅을 내가 구할 수 있을까?' 하는 '도전' 의식도 생겼겠고요. 색다른 접근에 '신선함'도 느꼈을 겁니다. 그 학생의 뇌에서 도파민이 확 솟구쳐 올랐겠죠? 학생은 그동안 어려워했던 해부학 내용을 빠르게 익히기 시작했고, 그 후부터 적극적으로 해부학 수업에 임할 수 있었다고 합니다.

🔍 긴급성을 이용한 동기부여 실천법

- **모래시계 챌린지:** 모래시계를 뒤집고 "모래가 다 떨어지기 전에 마칠 수 있을까?"
- **타이머 레이스:** 타이머를 맞춰놓고 "타이머 울리기 전에 숙제 두 문제 끝내자!"
- **달력 시스템:** 중요한 날짜(시험, 발표)를 표시하고 매일 완료한 단계에 X 표시
- **미션 카운트다운:** D-10 등 시간이나 날짜가 가는 것을 눈에 띄는 곳에 게시

스스로 하고 싶은 마음 기르기

ADHD가 있는 아이가 할 일을 안 하면 더 강하게 훈육해야 한다고 생각하기 쉽습니다. 하지만 그런 강경한 부모의 태도는 아이에게 '도전'으로 느껴져, 오히려 '굴복할 수 없다'는 저항과 갈등을 키울 수도 있습니다.

이런 갈등에 허비하는 에너지를 '어떻게 하면 이 아이에게 맞는 동기를 찾을까?'를 궁리하는 데 쓰는 것이 훨씬 효율적입니다. 과제를 어떻게 하면 더 재미있게, 더 새롭게, 더 도전이 되게, 더 긴급하고 스릴 있게 만들 수 있을지, 아이에게 맞는 동기부여의 실마리를

찾아보세요.

이때, 작은 성취를 자주 하며 칭찬과 성취감을 반복적으로 경험하게 하는 것이 중요합니다. 그러면 보상 회로가 '좋은 행동 → 좋은 결과'의 연결을 더 잘 기억해, 다음에 스스로 하고 싶은 동기를 유발합니다. 앞서 말한 신경가소성에 따라 뇌는 반복된 경험을 통해 자주 쓰는 회로를 강화하니까요. 결국 부모의 꾸준한 격려와 지지는 아이의 뇌를 실제로 변화시키는 밑거름이 됩니다.

궁극적으로 아이를 움직이는 것은 외부의 통제가 아니라 스스로 하고 싶어지는 마음입니다. 흥미, 도전, 신선감, 긴급성 같은 요소들이 건강한 내적 동기로 자리잡을 수 있도록 다음과 같이 도와주세요. 동기가 더 효과적이고 오래 지속될 수 있을 겁니다.

내적 동기부여 실천법

- 과제 완수 시 "마쳤을 때 어떤 기분이 들었어?"라고 물어보며, 성취감, 만족감과 보람을 느끼도록 돕기
- 결과에만 집중하기보다 과정 중심의 칭찬, 노력 자체에 가치 부여 "열심히 노력했구나", "포기하지 않고 계속했네!"
- 아이 스스로 목표를 설정하고 계획을 세우게 도와주어 자율성과 주인의식 키우기

만족 지연 훈련

그 유명한 스탠퍼드 대학의 마시멜로 실험을 아시나요? 5세 정도 된 아이들에게 마시멜로 하나를 지금 먹지 않고 기다리면, 조금 있다가 하나를 더 주겠다고 하고 그 반응을 관찰한 실험입니다. 더 큰 보상을 받으려면 마시멜로를 당장 먹고 싶은 욕구를 참아야 했죠. 이때 기다릴 수 있었던 아이들은 커서, 평균적으로 더 높은 학업 성취와 사회적 성공을 거두었습니다. 이처럼 당장의 만족을 지연할 수 있는 능력은 학업 성취, 대인 관계, 그리고 장기적인 성공을 좌우하는 결정적 요소입니다.

ADHD 뇌는 시맹으로 인해 현재와 미래를 연결하는 게 어렵습니다. 그래서, '숙제를 하면 나중에 좋은 결과가 올 거야'라는 미래 지향적 사고가 부족합니다. 지금 당장의 만족에 집착하고, "이걸 하면 당장 나한테 무슨 이득이 있어?"라며 즉각적인 보상을 따지기도 합니다. 한 시간 후에 받을 수 있는 큰 아이스크림보다 바로 앞에 있는 작은 사탕에 더 끌리는 것과 같죠.

이같이 미래에 주어지는 보상의 가치를 훨씬 낮게 평가하는 현상을 '지연 할인(Delay discounting)'이라고 합니다. 보상 시점이 지연될수록 그 가치가 더 낮게 느껴지는 기본적인 심리 현상이죠.

그런데, ADHD 뇌는 더 현격한 지연 할인을 보입니다. 그래서 만족 지연이 더 어렵고, 지금 당장의 욕구를 만족시키려는 충동성은 더 커지게 됩니다.

그러므로 ADHD가 있는 아이에게는 보상이나 피드백을 즉각적으로 주는 것이 효과적입니다. 예를 들어, 모든 숙제를 다 마치면 보상을 주는 것보다, 숙제 1쪽을 끝낼 때마다 스탬프 1개를 주고, 스탬프 5개 모으면 작은 선물을 주는 식이죠. 이렇게 하면 보상의 빈도도 높아져 뇌가 '작은 목표 달성 → 기쁨, 보람'을 연결하는 것을 반복하게 됩니다. 작은 보상을 모아 큰 보상으로 바꾸게 하면 기다리는 연습도 됩니다.

ADHD가 있는 아이도 반복해서 훈련하면 만족 지연 능력을 기를 수 있습니다. 아이가 '조금 기다리면 더 좋은 일이 생긴다'는 것을 자주 체험하게 해주세요. 핵심은 단순히 '참는 것'이 아니라 '더 좋은 것을 선택하는 기술'을 습득하는 것입니다.

만족 지연 훈련 실천법

- **'먼저-그다음' 전략:** "먼저 신발 정리하고, 그다음에 간식 먹자"와 같은 패턴 훈련, '먼저-그다음' 사인을 만들어 활용

- **기다림 전략:** 타이머 보기, 심호흡하기, 제자리 걸음 걷기 등 기다리는 데 도움이 되는 방법 훈련(브레이크 훈련 97쪽 참고)
- **점진적 확장:** 5분 정도부터 시작해 숙련되면 조금씩 더 오래 기다리도록 확장
- **보상 시스템:** 작은 보상을 모아 더 큰 보상을 받는 연습(보상 시스템 110쪽 참고)

ADHD 아이에게 스마트폰은 언제 사줘야 할까?

ADHD 뇌의 특성을 이해하고 나니, 아이가 게임 시간을 조절하는 것이 왜 그토록 힘든지 이해가 되죠? 시각과 청각을 사로잡는 화려한 그래픽과 소리, 단계별 맞춤 난이도의 도전감, 매번 새로운 미션과 보상이 주는 신선함, 제한 시간이나 실시간 경쟁에서 오는 긴급성. 이 모두가 ADHD 뇌를 강하게 끌어당기는 요소니까요.

그렇다면, 게임과 스마트폰 같은 가상 세계의 강렬한 동기에 맞서 현실에서 균형을 찾으려면 어떻게 해야 할까요? 사회심리학자 조너선 하이트(Jonathan Haidt)는 저서 『불안 세대』에서 정신 건강과 뇌 발달에 미치는 영향을 고려해, 만 14세 전에는 스마트폰을 주지 말고, 만 16세 전에는 SNS 사용을 허용하지 말 것을 권합니다. 물론 이 기준은 현실적으로 지키기 쉽지 않다고 느껴질 수 있습니다.

이를 실천하려면 부모를 포함한 온 가족이 스마트 기기 없이 즐거운 시간을 보내는 문화를 만드는 것이 필요합니다. 예를 들어, 책 읽기, 배드민턴 같은 스포츠, 산책, 보드게임, 영화 관람 등 다양한 활동을 함께 즐기는 것이죠. '수요 보드게임 타임', '토요 무비 나이트', '일요 테니스 매치' 같은 가족 리추얼을 만들면 좋습니다.

뜻이 맞는 이웃이나 친척들과 작은 모임을 만들어 이런 리추얼을 함께 실천해보세요. 서로 연대하고 지지하면 훨씬 더 꾸준히 이어갈 수 있습니다. 그 과정에서 아이들은 스마트 기기 없이 또래와 어울리며 자연스럽게 놀이와 관계를 경험하게 될 것입니다.

일단 아이가 스마트폰을 사용하기 시작하면, "스마트폰 그만하고 공부 좀 해라"라는 말은 잘 통하지 않습니다. 공부하다 지쳐 쉬면서 스마트폰을 하는데, 다시 더 공부하라는 건 무리이기 때문이죠. 오히려 "스마트폰 그만하고 좀 놀아라"라는 접근이 필요합니다. 게임이 주는 재미, 보상, 성취감과 소속감을 현실 세계에서 대체할 만한 활동을 권유하는 거죠.

요즘은 맞벌이 부부가 많다 보니 아이들이 학원에서 보내는 시간이 많습니다. 이런 경우에는 입시 위주의 학원보다는 아이의 관심과 흥미에 따라 취미, 예체능, 탐구 활동 중심의 학원을 선택하기를 권합니다.

만들기, 미술, 스포츠, 댄스, 코딩, 과학 실험, 천체 관찰, 악기, 랩 음악, 요리, 동식물 기르기, 보드게임, 미션형 놀이 등, 아이가 몰입할 수 있는 활동이면 무엇이든 좋습니다. 가능하다면 부모도 종종 함께 참여해 긍정적인 경험을 쌓아주세요.

어린 시절부터 이런 흥미로운 활동을 많이 하면서 자라면, 나중에 스마트폰에 과몰입하는 위험을 줄일 수 있습니다. 아이가 좋아하는 것이 엉뚱해 보이거나 학업과 관련이 없더라도 지지해주세요. 만화책 보기, 곤충 기르기, 메이크업, 아이돌 덕질 등이 무기력하게 스마트폰만 붙잡고 있는 것보다 훨씬 건강한 취미가 될 수 있으니까요. 더 구체적인 전략은 『세상에서 가장 쉬운 본질육아』의 '우리 아이를 지나친 몰입에서 지키는 법'(205~219쪽)을 참고하세요.

종종 자기조절과 보상 반응이 약한 제가 어떻게 의대에 갔느냐는 질문을 받습니다. 저는 늘 호기심이 많아 책 읽기를 좋아했습니다. 부모님이 성적을 중요시하지 않아 제가 좋아하는 과학 만화와 위인전을 마음껏 읽을 수 있었어요. 덕분에 책을 통해 배우는 즐거움을 일찍 맛보았고, 그것이 학업으로도 이어졌습니다. 지금도 독서는 제게 큰 즐거움과 배움의 원천입니다.

아이들은 본래 호기심이 많습니다. 자신이 관심 있는 것을 깊이 탐구해본 경험은 평생 학습의 든든한 토대가 됩니다. 배움이 '지긋지

굿한 공부'가 아니라 흥미롭고 재미있는 경험으로 각인되기 때문이죠. 이렇게 자란 아이는 후에 자신이 가고자 하는 길을 찾았을 때, 스스로 파고들어 배우며 오히려 더 큰 성취를 이룰 수 있습니다.

✨ 단점이 장점이 되는 마법: 꽂힌 분야를 깊게 판다

ADHD 뇌의 취약한 보상 처리 기능이 강점이 될 수도 있을까요? 흥미롭게도, ADHD가 있음에도 고도의 성취를 이룬 사람들을 보면 이 특성이 유리하게 작용한 경우가 많습니다. 대체로 동기부여가 쉽지 않은 삶을 살아온 만큼, 자신의 흥미와 도전의식을 자극하는 분야를 만나면 만사를 제쳐두고 몰입할 가능성이 높기 때문입니다.

예를 들어, 컴퓨터 게임에 빠져 집안에서만 지내던 아이가 후에 성공적인 게임 개발 회사를 창업할 수도 있습니다. 드론 조종에 푹 빠진 아이가 드론 촬영 전문가가 되어 글로벌 기업에서 러브콜을 받을 수도 있습니다. 수업에는 집중하지 않고 낙서만 하던 아이가 그림책을 출판하고 브랜드 디자인을 하는 아티스트가 될 수도 있습니다. 공부는 안 하고 자동차 모형을 천 개 넘게 모아 그 특징을 모두 외운 아이가 뺑소니 차량 식별 자문을 할 수도 있습니다.

무슨 꿈같은 이야기냐고요? 전부 실제 사례입니다. 이들이 모두 ADHD가 있었다는 것은 아니지만, 몰입 능력이 탁월한 성취로 이어졌다는 사실은 부정할 수 없습니다.

올림픽 역사상 최다인 28개의 메달을 딴 수영 황제, 마이클 펠프스를 아시죠? 그는 9세에 ADHD 진단을 받았습니다. 어린 마이클은 잠시도 가만 있지 못하고 뛰어다녔고, 학교에서도 집중하지 못하고 장난을 많이 쳐서 선생님들을 곤란하게 했답니다. 심지어 "너는 커서 아무것도 못 될 거다"라는 말까지 들었다고 해요.

넘치는 에너지를 주체하지 못하던 마이클은 여러 운동 종목에 도전했습니다. 그러나 수영만큼은 달랐습니다. 물속에서의 움직임과 끝없는 도전은 마이클의 뇌를 깨우며 강력한 동기로 작용했습니다. 매일의 구체적인 훈련 목표 덕분에 루틴을 꾸준히 지킬 수 있었습니다. "아무것도 못 될 거다"라는 말을 듣던 아이가 자신에게 맞는 환경을 만나 전설적인 수영 선수가 된 것입니다.

ADHD가 있는 아이가 자신의 열정을 쏟을 환경을 만나면, 누구보다 더 깊이 몰입하고 빛날 수 있습니다. 지금 다른 아이들보다 부족해 보이더라도, 그 안에 숨겨진 무한한 잠재력이 있다는 것을 믿어주세요.

지금까지 살펴본 것처럼, ADHD가 있는 아이의 뇌는 그 발달과 기능면에서 다른 아이들의 뇌에 비해 부족한 부분도 많습니다. 그렇지만 그 차이가 '틀림'이 아니고 '다름'이라는 것을 이해하면, 그 아이만의 독특한 강점과 잠재력이 보이기 시작합니다. 불안한 마음으로 아이를 바라보는 것이 아니라, 희망과 기대로 아이를 볼 수 있게 됩니다.

모든 아이가 탁월한 재능을 가진 유명인이 될 필요는 없습니다. 각자 자신에게 맞는 길을 찾아 자신만의 잠재력을 마음껏 펼치며 살아간다면, 그 보다 더 잘 산 삶이 또 있을까요?

PART 3

ADHD 진단 후 어떻게 치료할까?

ADHD를 진단받고 먼저 할 일

아이에게 ADHD를 어떻게 설명할까?

아이가 ADHD 진단을 받으면 부모는 걱정부터 앞서기 마련입니다. 특히 한국 사회에는 여전히 편견이 많은 편이라, 아이가 어떻게 받아들일지 우려될 수도 있죠. 이럴 때일수록 부모가 긍정적인 시각으로 아이를 이끌어주는 것이 중요합니다.

    진단명을 굳이 강조하지 않더라도, 아이에게 자신이 겪는 어려움을 이해하도록 설명해주면 좋습니다. 그러면 아이가 자신을 '나쁜 아이' 또는 '멍청한 아이'라고 여기는 자괴감에서 벗어나, 스스로를 긍정적으로 받아들이며 안도감을 느낄 수 있습니다.

아이에게 설명할 때는 ADHD를 '문제'라기보다 '뇌의 특성', '뇌의 작동 방식'으로 접근하면 좋습니다. 알아듣기 쉽고 긍정적인 언어로 말해주세요. 예를 들어, "나영이의 뇌는 다른 친구들과 조금 다른 방식으로 작동해. 때로는 어려운 점도 있지만, 동시에 특별한 장점도 있어"라는 식으로 균형 잡힌 관점에서 설명해줍니다. 남다른 특성을 잘 다루기 위해 훈련도 필요하고 약물치료나 상담 같은 치료가 도움이 될 수 있다는 점도 알려줄 수 있습니다.

초등 저학년까지는 "몸과 머리는 스포츠카처럼 빠른데 브레이크가 조금 약하다" 같은 비유로만 설명해주어도 됩니다. 하지만 고학년쯤 되면 아이도 ADHD라는 말을 들어봤을 수 있고, "왜 병원에 가?"라고 물을 수도 있습니다. 이때는 진단명을 알려주되, 그로 인한 어려움과 함께 긍정적인 메시지도 같이 전해주세요.

"나영이는 머릿속에 재미있는 생각이 많이 떠오르지만, 기억하기 어려울 때가 있지? 에너지가 넘쳐서 가만히 있는 게 어렵기도 하고. 이건 뇌가 작동하는 방식이 달라서 그런 거야. 어떤 사람은 운동을 잘하고, 어떤 사람은 그림을 잘 그리듯이 말이야. 나영이의 뇌는 빠르고 신나게 돌아가지만, 브레이크가 약할 때가 있어. 이런 작동 방식을 'ADHD'라고 해. 병원에서 의사 선생님과 브레이크 성능을 올리는 방법을 찾아보자. 그러면 슈퍼카처럼 멋지게 달릴 수 있을 거야." (브레이크 훈련 100쪽 참고)

ADHD가 있다고 아이가 놀림을 당한다면

"너 ADHD라며? 이상한 애잖아."

아이가 이런 말을 들었다면 부모도 함께 마음이 아플 텐데요. 누군가를 놀리는 것은 그 사람의 무지와 편견을 드러내는 행동입니다. 이런 편견을 바로잡고자 이 책을 쓰고 있습니다.

이럴 때는 먼저, 놀림을 받고 상처 입은 아이의 감정을 헤아려준 다음, 상황을 이해할 수 있게 설명해주세요.

"친구들이 그런 말을 해서 정말 속상했겠구나. 엄마(아빠)도 그런 말을 들었다면 슬프고 화났을 것 같아. 친구들이 잘 모르고 상처가 되는 말을 하네.""네가 이상한 게 아니라, 그 아이가 남을 놀리는 행동이 잘못된 거야."

또 그런 일이 있으면 아이가 당당하게 대응할 수 있도록 집에서 역할극으로 연습해보세요.

"맞아, 나 좀 다른 버전이지. 슈퍼히어로도 다 다르잖아?"

"ADHD는 뇌가 특별한 방식으로 작동하는 거야. 발명왕 에디슨도 ADHD였대."

"ADHD는 뇌가 작동하는 방식이 다른 거야. 덕분에 나는 떠오르는 아이디어가 많아."

"ADHD는 장점도 많아. 수영 왕 마이클 펠프스도 ADHD가 있는데 금메달 23개 땄잖아."

　놀림이 계속된다면 반드시 선생님이나 어른에게 알리도록 하세요. 혼자 해결하기 어렵다면 도움을 받는 것이 현명하다고 가르쳐주세요.

　핵심은 아이가 자신을 부끄러워하지 않고 건강한 자존감을 유지하도록 하는 것입니다. "다른 건 틀린 게 아니야. 넌 너만의 방식으로 멋진 사람이 될 거야"라는 메시지를 주세요. 그리고 아이가 "엄마, 아빠는 언제나 나를 변함 없이 사랑한다"는 확신을 느끼게 해주세요. 부모의 조건 없는 사랑은 아이가 세상에서 받는 상처를 이겨내는 든든한 방패가 된답니다. 이런 메시지를 주는 방법은 Part 4에서 더 자세히 알아보겠습니다.

ADHD 증상을 개선하는 치료적 접근법

ADHD가 있는 아이들은 적절한 치료를 받으면 대부분 호전을 보입니다. 증상을 개선하고 학업이나 일상생활 적응에 도움을 준다고 효과가 증명된 치료 방법들이 많이 있으니까요. 다만 아이마다 증상의 양상, 심한 정도, 공존질환, 환경적 요소가 다르므로, 전문가의 지도하에 그 아이에게 가장 잘 맞는 치료 전략을 세우는 것이 중요합니다.

ADHD 치료는 크게 '약물치료'와 '비(非)약물치료'로 나눌 수 있습니다. 영국 국립보건임상연구원(National Institute for Health and Care Excellence, NICE)의 지침은 환경적 개선 조치가 이루어진 이후, 1차 치료법으로 약물치료를 권장합니다. 미국소아과학회(American Academy of Pediatrics, AAP)는 약물치료와 행동치료를 병행하는 것을 기본으로 권장합니다. 다만 6세 미만 미취학 아동의 경우에는 먼저 행동치료를 시도해보고, 행동치료가 효과가 없거나 증상이 심한 경우에는 약물치료를 고려할 것을 권합니다.

이제부터 비약물치료와 약물치료에 대해 구체적으로 살펴보겠습니다.

비약물치료는 어떤 것인가?

ADHD 증상 개선의 효과가 증명된 대표적인 비약물치료로는 행동치료, 부모 훈련 프로그램, 인지행동치료가 있습니다. 이 외에도 사회 기술 훈련, 학습 전략 지도, 예술 치료 등을 아이의 특성과 필요에 맞춰 적용할 수 있습니다.

    비약물치료는 부작용이 거의 없고, 치료를 통해 습득한 스킬을 지속적으로 사용할 수 있다는 장점이 있습니다. 이 책의 Part 2와 Part 4에 실린 많은 전략과 팁은 이러한 치료법들을 바탕으로 하고 있습니다.

    그러나 비약물치료는 약물치료에 비해 주의력 부족, 충동성, 과잉행동 증상의 개선 효과가 상대적으로 적습니다. 효과가 나타나기까지도 몇 주에서 몇 달이 걸릴 수 있습니다. 또한 부모와 치료사의 꾸준한 개입이 필요해, 전문 인력을 찾기 어렵거나 비용 부담이 큰 경우 활용에 한계가 있습니다.

대표적인 비약물치료가 어떻게 진행되는지 예시와 함께 간단히 알아보겠습니다.

문제행동을 바로잡는 행동치료

행동치료는 문제행동의 원인을 파악하고 조절해, 아이가 바람직한 행동을 하도록 돕는 방법입니다. 규칙 위반, 과잉행동, 공격적 언행 등에 주로 적용하고, 치료사의 지도하에 부모나 교사가 실행할 수 있습니다.

행동치료의 주요 전략으로는 명확한 규칙과 루틴 설정, 바람직한 행동에 대한 즉각적 보상, 관심 끌기 위한 부정적 행동에는 의도적으로 반응하지 않는 계획적인 무반응(Planned ignoring) 등이 있습니다. 많은 부모가 행동치료가 문제행동을 줄일 뿐 아니라, 아이의 사회성을 개선하고 문제 해결력도 향상시키는 등 일상생활에 긍정적인 영향을 주었다고 보고합니다.

부모 훈련 프로그램은 부모가 행동치료의 전략을 직접 익혀 실천하는 것이라 할 수 있습니다. 아이의 행동을 이해하고, 문제행동은 줄이고 긍정적인 행동은 늘리는 방법을 배우는 과정입니다. 나아가 자녀와의 의사소통 기술도 연습합니다. 문제행동이 감소하고, 부모의 양육 스트레스가 완화되며, 부모-자녀 관계가 한층 개선되는 효과를 보입니다.

 **행동치료 예시**

증상: 동생과 다투다가 분노를 조절하지 못해 동생을 때린다.
① **목표 행동 설정:** "동생 때문에 화가 날 때 부모에게 도움을 요청한다."
② **보상 시스템:** 목표를 달성했을 때 받을 보상과 결과를 아이와 함께 설정
　예) 보상: 스티커, 놀이 시간. 결과: 노는 것을 중단, 장난감 회수
③ **행동 관찰 및 피드백:** 목표 행동을 하면 칭찬과 보상, 그렇지 않으면 훈육과 결과
　예) "때리는 건 절대로 안 돼. 때리면 함께 놀 수 없어." → 장난감 회수
④ **지속적 조정:** 진행 상황에 따라 목표와 보상/결과 조정하면서 자기조절 훈련

부정적인 생각을 바꾸는 인지행동치료

인지행동치료는 불안과 우울 증상 완화에 효과가 입증되어 널리 사용되는 치료입니다. 치료자와 함께 부정적인 사고와 행동을 긍정적으로

바꾸는 훈련을 합니다. 아이가 "난 이걸 기억 못 해요"라고 한다면 "메모를 활용해보자. 그럼 너도 충분히 할 수 있을 거야"처럼 구체적인 해결책도 배웁니다. 주의력 조절, 충동 조절, 감정 조절도 연습합니다.

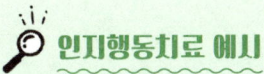 인지행동치료 예시

증상: 숙제를 미루고, '어차피 못할 거야'라고 생각하며 좌절한다.
① **자동적 사고 인식:** 부정적 사고를 알아차림
② **사고 재구성:** '못할 거야' → '아직 어렵지만, 조금씩 천천히 해보면 돼.'
③ **행동 변화:** 숙제를 작은 단위로 나누고 계획을 세워 실천. "오늘은 5문제만 풀자."
④ **자기강화:** 계획을 잘 수행하면 스스로를 칭찬, 작은 보상

본질육아 플러스 : ADHD 아이를 키우는 데 도움이 되는 자료들

한국에서는 상담치료에 보험이 적용되지 않아 비약물치료의 비용 부담이 크고, ADHD 전문 상담사나 치료사를 찾기도 쉽지 않습니다. 그렇기에 아이를 이해하고 돕기 위한 신뢰할 만한 정보가 더욱 절실합니다. 이에 다음의 책과 웹사이트를 추천합니다.

1. 『세상에서 가장 쉬운 본질육아』 지나영, 21세기북스

본질육아의 핵심은 조건 없는 사랑을 바탕으로 아이의 고유함을 수용하고 잠재력을 믿으며 양육하는 것입니다. 자녀에게 반드시 가르쳐주어야 할 것들을 강조하고, 나머지는 힘 빼도 된다는 메세지가 담겨 있습니다. 이 책에는 ADHD 아이를 위한 양육뿐 아니라, 육아의 기본과 훈육의 원칙이 담겨 있어 널리 추천합니다.

2. 한국소아청소년정신과학회 ADHD 웹사이트 www.adhd.or.kr

소아청소년정신과 전문의들이 제공하는 신뢰도 높은 정보가 담겨 있습니다. ADHD의 진단, 치료 및 자주 묻는 질문까지, 다양한 주제가 게시돼 있습니다. 전국의 소아청소년정신과 병원 정보도 실려 있어, 진료기관을 찾아볼 수 있습니다.

3. 『히든 포텐셜』 애덤 그랜트, 한국경제신문

'잠재력은 보이지 않는다고 해서 없는 것이 아니다'라는 본질육아와 맞닿는 점을 강조합니다. 이 책은 적합한 환경과 지원이 제공될 때 아이들의 잠재력이 발휘될 수 있다는 것을 심리학적 관점에서 보여줍니다. 많은 실례를 들어 이해를 돕습니다.

4. 『ADHD 우리 아이 어떻게 키워야 할까』 신윤미, 웅진지식하우스

소아청소년정신과 전문의인 저자가 진료실에서 본 수많은 사례를 바탕으로 부모들의 현실적 고민을 다룹니다. 특히 우리나라 교육 환경에서 "학원은 어떻게 보내야 하나요?" 같은 질문에 구체적인 조언을 제시합니다.

5. 『산만한 아이의 특별한 잠재력』   이슬기, 길벗

뇌과학적 근거를 바탕으로 산만함을 '고쳐야 할 것'이 아니라 '고유한 특성'으로 접근합니다. 인지심리학자의 관점에서 다양한 신경심리 검사를 설명해줍니다. 아이들의 잠재력을 펼치도록 돕는 구체적인 놀이와 루틴도 알려줍니다.

6. 『우리 아이가 ADHD라고요?』   이사비나, 빈티지하우스

13년차 교사가 자신의 자녀가 ADHD 진단과 치료를 받으며 겪은 경험을 담은 책입니다. 아이의 고유성을 존중하면서 부족한 부분을 보완해주는 시각을 강조합니다. 교직 경험을 바탕으로, 교우 관계와 학업의 어려움을 극복하며 잘 적응하는 실질적인 방법을 조언합니다.

7. 『아이의 뇌』   김붕년, 포레스트북스

소아청소년정신과 전문의인 저자가 아이들의 행동과 감정의 기저에 있는 뇌과학적 원리를 설명해줍니다. ADHD를 포함한 아이의 다양한 발달상의 특성을 뇌과학의 관점에서 이해하고, 효과적인 양육 전략을 세울 수 있도록 도와줍니다.

8. 『천근아의 느린 아이 부모 수업』   천근아, 웅진지식하우스

소아청소년정신과 전문의인 저자가 느린 아이를 둔 부모의 불안과 조급함에 위로와 함께 실용적인 방향을 제시합니다. 발달 단계에 따라 나타날 수 있는 다양한 문제에 대해, 증상, 진단 과정 그리고 감별 진단도 알려줍니다.

9. 미국 ADHD 지원 단체 CHADD 웹사이트   www.chadd.org(영문)

최신 연구 결과를 바탕으로 한 과학적이고 신뢰할 수 있는 정보가 지속적으로 업데이트됩니다. 진단과 치료에 대한 가이드, 연령별 정보, 학교와의 협력 방법, 성인 ADHD 관리법 등 실용적인 내용들이 있습니다.

약물치료, 꼭 알아야 할 것들

내가 약물치료를 결정한 이유

정신과 약물에 대한 편견이 여전히 큰 한국 사회에서는 ADHD 약물치료를 꺼리는 경우가 흔합니다. 아이에게 약을 주는 것이 불안하고, 약 없이 먼저 조절해보고 싶은 부모의 마음은 어찌 보면 당연합니다. 고백하자면, ADHD 약을 처방하는 의사인 저 역시 복용을 주저했던 경험이 있습니다.

    미국에서 수련을 받을 때 동료들은 제가 '전형적인 ADHD 성인'임을 쉽게 알아봤지만, 저는 40대가 될 때까지 진단이나 치료 없이 살았습니다. 실수가 잦고 좌충우돌했지만, 가족 모두가 그러니 '사는 게

원래 이런가 보다' 했죠.

전환점은 결혼 후였습니다. 저는 실수해도 툭툭 털고 일어났지만, 남편은 늘 불안해했습니다. 저에게 여름에 아기를 차에 두고 내려 아기가 사망한 기사를 보여주며, "당신이라면 충분히 가능한 일"이라고 하더군요. 저도 인정했습니다. 아이가 생기면 약물치료를 하겠다고 약속했죠. 그러나 저희 부부에게 아기는 찾아오지 않았습니다.

여러분 〈포레스트 검프〉 영화 보셨나요? 그는 엄마가 널어둔 소변 묻은 이불을 친구들이 볼까 봐 매일 하교 후 전속력으로 달려가 치웠죠. 저도 포레스트처럼 실수를 만회하려고 늘 숨 가쁘게 뛰었습니다. 30대엔 의과대학 캠퍼스 내 두 블록 떨어진 오피스와 병동 사이를 2분 만에 질주하며 실수를 수습하곤 했죠.

그러다 40대 초반에 자율신경계 장애가 발병해 병적인 피로가 생기더니, 40대 중반부터 체력이 급격히 떨어졌습니다. 중요한 구청 미팅에 필요 서류를 집에 두고 갔다가 헐레벌떡 집과 구청을 왕복한 일이 있었어요. 진이 다 빠지고 기진맥진해져서 며칠을 회복해야 했습니다.

'이제 더 이상 실수를 몸으로 때울 수 없구나.'

그즈음 교통사고가 몇 번 날 뻔했던 것까지 더해져서 약물치료를 마침내 시작했습니다. 결국 심각한 기능 저하와 잦은 안전 문제가 제가 약물치료를 결정하게 된 이유였습니다.

개별적인 상황에 따라 약물치료를 결정하는 이유는 다를 수 있습니다. ADHD 치료는 궁극적으로 아이의 삶의 질을 개선하는 것을 목표로 합니다. 따라서 치료를 시작하기 전에 아이에게 무엇이 가장 큰 어려움인지, 어떤 부분을 개선하고 싶은지를 명확히 하는 것이 중요합니다.

"왜 약물치료를 하려고 하는가?"

이 질문을 부모 스스로 던져보세요. 청소년의 경우 본인이 대답해볼 수도 있습니다.

"길을 건널 때나 자전거를 탈 때 주변을 살피지 않아서 위험해요. 좀 더 조심성 있게 행동했으면 해요."

"등교 준비하는 데 한 시간을 써도 잘 못했는데, 30분 안에 빠뜨리는 것 없이 잘 끝낼 수 있으면 좋겠어요."

이런 식으로 정리해보면, 치료가 얼마나 효과가 있는지를 평가하는 데도 도움이 되고 의료진과 소통하기도 용이합니다. 비약물치료에서도 마찬가지입니다. 이러한 구체적인 목표 설정은 부모, 아이, 의료진 모두에게 효과적인 치료의 나침반이 되어줄 것입니다.

약물치료는 언제, 왜 필요한가?

약물치료는 주의력 부족, 충동성, 과잉행동 등 ADHD 핵심 증상을 가장 효과적으로 개선하는 방법이며, 효과가 비교적 빠르게 나타납니다. 따라서 안전이 우려되거나 일상생활에 큰 지장을 주는 경우에는 약물치료를 바로 고려하는 것이 좋습니다. 사실 증상이 심한 경우 비약물치료만으로는 조절이 어려운 경우가 많습니다. 약물치료는 비약물치료와 병행하면 좋지만, 경우에 따라 단독으로 할 수도 있습니다.

앞에서 언급한 삼남매를 기억하나요? 시각 장애가 있어 특수 안경을 쓰고 적응해갔던 둘째를 떠올려보세요. 눈을 찡그리며 힘들게 보던 아이가 안경으로 끼고 훨씬 편안하게 볼 수 있게 되었죠. ADHD 약물치료도 뇌 기능을 보완하는 '뇌의 안경'이라고 생각할 수 있습니다. 둘째가 안경을 통해 세상을 편안하게 잘 볼 수 있는 것처럼, ADHD가 있는 아이들은 약물치료를 통해 주의력과 자제력을 더 수월하게 발휘할 수 있는 거죠.

미국소아과학회는 ADHD 약물치료를 계획할 때 나이, 중증도, 공존질환을 고려할 것을 권장합니다. 다만, 다음은 일반적인 권고이며 개별적 결정은 반드시 담당 의사와 함께 각 아이의 상황을 고려해서 계획해야 합니다.

나이

6세 미만 아동의 경우에는 먼저 행동치료를 시도해보고, 효과가 없거나 증상이 심한 경우에 약물치료를 고려할 것을 권합니다. 6~12세 아동에서는 가능하면 약물치료와 비약물치료를 병행할 것을 권합니다. 청소년에서는 약물치료가 주요 치료이며, 비약물치료를 같이 할 수 있습니다.

중증도(증상의 심한 정도)

집중력 부족과 과잉행동 및 충동성의 문제가 있지만 학업, 친구 관계, 일상생활 등에 큰 문제가 없다면 환경 조절과 행동치료를 먼저 시도해볼 수 있습니다. 이런 경우에도 행동 전략을 일관되게 적용하는 것이 어렵거나 진전이 더딘 경우 약물치료 병행을 고려할 수 있습니다.

다음과 같은 안전 문제, 일상 생황에서 뚜렷한 어려움, 또는 이차적인 문제가 나타나면 약물치료를 바로 고려하도록 권장합니다.

> **약물치료를 즉각 고려하기를 권장하는 경우**
>
> ① **안전 문제:** 자신이나 다른 사람을 다칠 위험이 있음. 공공장소에서 타인에게 상당한 피해를 줌

예) 도로에 뛰어듦, 친구를 밀치거나 때림, 식당이나 지하철 등에서 과도하게 뛰어다님
② **뚜렷한 기능 저하:** 수업 참여나 또래 관계 같은 일상 과제가 매우 어려움
  예) 수업 시간에 몇 분도 앉아 있지 못함, 규칙 무시하고 마음대로 해서 친구가 없음, 물을 끄지 않아 욕실에 물이 넘치는 등, 간단한 일상에도 어려움이 있음
③ **이차적 문제 발생:** 부정적 자아상, 심한 좌절감, 우울이나 불안 등 심리적 문제가 동반됨

공존질환 여부와 심한 정도

만약 한 사람에게 당뇨병과 고혈압이 함께 있다면, 두 질환이 서로 영향을 주기 때문에 치료에서 통합적 접근이 필요할 것입니다. ADHD도 마찬가지로, 공존질환이 있으면 증상과 치료 전반에 영향을 줄 수 있습니다. 따라서 진단 초기에 기분, 행동, 학습 등에 어려움이 있는지도 평가받도록 합니다.

공존질환이 있는 경우, 그 특성을 고려해 치료의 우선순위와 접근 방식을 조율하게 됩니다. 예를 들어, 우울이나 불안 장애가 함께 있으면 그 또한 치료가 필요하겠죠.

ADHD가 있는 소아청소년의 약 60~75%는 하나 이상의 공존질환을 진단받는 것으로 보입니다.

 ADHD 소아청소년에서 흔한 공존질환

흔한 공존질환의 특징을 간략히 정리하면 다음과 같습니다. 괄호 안은 ADHD 진단이 있을 때 함께 진단되는 비율입니다.

- **수면 장애(25~80%)**: 잠들기 어려움, 자주 깸, 수면 주기 불규칙, 하지 불안증후군 등
- **적대적 반항 장애(20~60%)**: 부모나 교사 등 어른에게 자주 반항하고, 작은 자극이나 좌절에도 쉽게 화를 냄
- **불안 장애(25~35%)**: 실패, 실수에 대한 불안이 흔하며, 이에 따른 주의력 저하 동반의 악순환 가능
- **학습 장애(20~35%)**: 읽기 장애(난독증), 수학 장애 등 학습의 어려움
- **틱 장애 및 투렛 장애(약 20%)**: 의지와 상관없이 나타나는 반복적인 움직임이나 소리를 냄
- **우울 장애(15~20%)**: 낮은 자존감, 우울, 무기력, 흥미 상실, 쉽게 짜증냄, 수면이나 식습관의 변화
- **품행 장애(10~20%)**: 거짓말, 도둑질, 폭력 등 사회 규범을 심각하게 위반하는 행동을 동반함
- **자폐스펙트럼 장애(12~16%)**: 사회적 의사소통의 어려움과 제한적이고 반복적인 행동을 보임

약물치료를 받으면 무엇이 좋아질까?

ADHD 치료 약물은 효과가 큰 편이고, 처방 의사의 지도하에 비교적

안전하게 사용할 수 있습니다. 모든 아이에게 효과가 있는 것은 아니지만, 70~80% 정도 대다수에서 증상의 호전을 보입니다.

대부분의 ADHD 약물은 도파민이나 노르에피네프린 시스템을 안정시키는 작용이 있어, 주의력 부족, 충동성, 과잉행동 등의 핵심 증상이 개선됩니다. 이에 따라 인지 기능이 향상되고, 학업 성취나 대인관계에 긍정적인 영향을 미칠 수 있습니다.

약물치료는 단순히 증상 완화에 그치지 않고 위험 행동도 줄이며, 전반적인 건강과 안전에도 기여할 수 있습니다. 장기적으로 부상, 학업 중단, 비행, 흡연, 물질 사용 문제가 감소할 수 있습니다. 성인의 경우 교통사고, 낙상, 골절, 우울, 자살 위험, 나아가 사망률까지 낮아졌다는 연구 결과도 있습니다.

영국에서 진행된 대규모 연구에 따르면, ADHD 성인의 기대수명은 남성은 평균 약 7년, 여성은 약 9년 짧았습니다. 이는 우울, 불안, 충동성, 흡연, 약물 사용, 사고 등 위험 요인이 복합적으로 작용한 결과로 보입니다. 한편, 스웨덴에서 발표된 연구에서는, 약물치료를 받은 ADHD 그룹이 받지 않은 ADHD 그룹에 비해, 2년간 전체 사망률이 21%, 사고·자살 사망률은 25% 낮게 나타났습니다. 다만 이는 해외의 통계 분석이므로, 약물치료 여부는 반드시 개인의 상황과 특성을 고려해 전문가와 상의 후 결정해야 합니다.

참고로 저는 메틸페니데이트 계열 약물을 복용하고 있는데, 약물치료가 극적인 변화를 가져온 것은 아닙니다. 주의력이 좀 더 오래 유지되고, 사소한 일들이 덜 부담스럽게 느껴지는 효과가 있습니다. 빨래나 설거지가 예전에는 '자고 있는데 억지로 깨워 시키는 일'만큼 싫었는데, 약을 복용하면 '이 정도는 별것 아니군' 하는 마음이 들더라고요. 도파민과 노르에피네프린이 올라가서 각성이 올라가고, 동기가 생긴 결과로 보입니다. 작업 기억과 조직화 부족, 시맹 등 그 외 증상에는 큰 변화가 없고, 소지품을 자주 잃어버리거나 약속을 잊는 일은 여전히 계속됩니다.

약물치료를 아이에게 어떻게 설명하면 좋을까?

약물치료를 설명할 때는, 아이가 겪는 어려움을 공감하고 도와주고 싶은 마음을 전하는 것이 중요합니다. 실제로 아이가 경험하는 상황을 예로 들거나, 아이에게 익숙한 것에 빗대어 설명하면 이해가 더 쉽습니다.

"친구 성우가 눈이 나빠서 안경을 쓰게 됐잖아. 안경을 쓰면 칠

판도 잘 보이고 글자도 잘 읽히지. 이 약은 뇌에 쓰는 안경 같은 거야. 나영이는 오래 가만히 앉아 있거나 기다리는 게 어려운데, 약을 먹으면 그게 더 쉬워질 수 있어."

"스포츠카도 빨리 달릴 땐 좋지만, 필요할 땐 브레이크를 잘 잡아야 하잖아. 브레이크가 약하면 사고가 날 수 있겠지? 나영이도 저번에 길을 건너다가 차를 못 봐서 사고 날 뻔했지. 이 약은 그런 순간에 멈추고 살피는 '브레이크'를 도와줄 수 있어."

"나영이도 화가 갑자기 버럭 날 때가 있지? 그럴 땐 친구랑 싸우기도 하고 서로 속상해질 수 있잖아. 이 약은 그럴 때 더 똑똑하게 생각할 수 있도록 도와줘서, 친구랑 더 잘 지낼 수 있게 해 줄 거야."

"나영이는 선생님이 말씀하실 때 조용히 듣거나, 가만히 앉아서 숙제를 하는 게 힘들 때가 있지? 바깥에서 놀고 싶거나 다른 재미있는 생각이 떠올라서 집중이 안 되기도 하고. 이 약은 딴 생각이 덜 나고 해야 할 일에 더 집중하도록 도와줄 수 있어."

한국에서 사용되는 ADHD 치료 약물

ADHD 치료에 사용되는 약물에는 다양한 종류가 있습니다. 이 중 현재 한국에서 사용되는 주요 약물을 간단히 소개하겠습니다. 유통되는 약물의 종류는 변경될 수 있으니, 정확한 정보는 반드시 처방 의사와 상의하세요.(참고: 대한소아정신과학회 ADHD 약물치료 안내 www.adhd.or.kr/adhd/adhd07.php, 약학정보원 www.health.kr).

ADHD 치료 약물은 작용 기전에 따라 '자극제'와 '비(非)자극제'로 나뉩니다. 자극제는 직접적으로 신경전달물질의 분비를 늘리거나 재흡수를 억제해서 가용량을 올립니다. 비자극제는 보다 간접적인 방식으로 신경회로의 균형을 조절합니다.

자극제 계열 약물

자극제는 주로 도파민과 노르에피네프린의 작용을 높여, 주의력, 충동 조절, 계획력 등 실행 기능을 향상시킵니다. 비자극제보다 대체로 치료 효과가 크기 때문에 대부분의 임상 지침에서 1차 선택 약물로 권장됩니다.

현재 한국에서 처방되는 자극제는 모두 메틸페니데이트 성분입니다. 다음은 그 주요 제품명입니다. 대부분 복용 후 수십 분에서 한두 시간 내 효과가 나타나며, 즉시 방출형(효과 지속 시간 짧음)과 조절 방출·서방형(지속 시간 김)으로 나뉩니다.

- 메디키넷 리타드(조절 방출형 캡슐)
- 콘서타(삼투압 기반 서방형 캡슐)
- 비스펜틴(조절 방출형 캡슐)
- 페니드(즉시 방출형)
- 페로스핀(즉시 방출형)

비자극제 계열 약물

비자극제는 주로 노르에피네프린 시스템을 안정화해 주의력 개선, 충동 조절, 감정 조절과 수면 장애 등에도 도움을 줄 수 있습니다. 효과는 자극제보나 서서히, 다소 약하게 나타나지만 약효가 24시간 지속된다는 장점이 있습니다. 오남용 위험이 거의 없으며 자극제에 비해 식욕 저하, 불면증 같은 부작용도 적습니다. 따라서 자극제 부작용이 크거나 불안, 틱, 고혈압 등 동반질환이 있을 때 고려할 수 있습니다.

다음은 한국에서 현재 처방되는 비자극제 성분명과 제품명입니다.

- 아토목세틴(제품명: 스트라테라, 아토목신, 아트렉스, 도몬틴 등)
- 클로니딘(제품명: 캡베이 서방정)

부작용, 너무 두려워하지 마세요

ADHD 치료제도 다른 약물처럼 부작용이 있을 수 있지만, 대부분 조절 가능한 수준이며 중단해야 할 정도로 심한 경우는 흔하지 않습니다. 효과와 부작용은 개인차가 있기 때문에, 의사와 충분히 상담하며 반응을 관찰하면서 최적의 치료 방법을 찾아가도록 합니다.

자극제 부작용

자극제의 흔한 초기 부작용으로 식욕 감소, 복통, 두통, 수면 장애가 있으며, 기분이 가라앉거나 짜증이 늘 수 있지만 대체로 점차 호전됩니다. 매우 드물게 환각이나 망상 같은 정신병적 증상이 나타날 수 있으니, 이런 경우 즉시 의료진과 상의해야 합니다.

그 외의 주요 부작용은 다음과 같습니다.

- 심혈관계 영향: 심박수, 혈압 증가. 심혈관질환 가족력이 있으면 추가 검사 필요할 수 있음
- 감정 둔화: 활력이 줄거나 감정 표현이 무뎌짐
- 불안 증상: 불안, 초조감 또는 기존 불안 악화 가능성
- 틱 증상: 틱 악화 근거는 명확하지 않으나, 기존 틱이 있다면 주의 깊게 모니터링. 틱 개선 효과가 있는 클로니딘 사용을 고려할 수 있음

비자극제 부작용

아토목세틴은 심박수와 혈압을 높일 수 있고, 클로니딘은 반대로 낮출 수 있습니다. 따라서 복용 전 본인과 가족의 심혈관질환 병력을 확인하고, 위험 요인이 있으면 추가 검사가 필요할 수 있습니다. 치료 초기에 오심, 구토 같은 위장관 증상이나 식욕 감소가 나타날 수 있으나 대부분 시간이 지나면 호전됩니다.

아토목세틴은 매우 드물게 자살 사고 위험 증가나 간염과의 연관성이 보고된 바 있습니다. 클로니딘 복용 후 졸림, 구강 건조, 어지러움, 과민성, 두통, 서맥, 저혈압, 복통 등이 나타날 수 있습니다. 클로니딘의 경우 갑작스러운 중단 시 반동 고혈압이 생길 수 있으므로 서서

히 감량해야 합니다.

ADHD 약물치료에 관한 Q&A

1. 약물치료를 하면 사회성도 좋아지나요?

ADHD 약물이 사회성을 직접적으로 향상시키는 것은 아닙니다. 그러나 약물치료로 충동성과 감정 조절이 개선되면 대인 관계가 호전될 수 있습니다. 사회성 향상을 위해서는 행동치료나 사회적 기술을 연습하는 코칭 등 비약물적 치료가 중요합니다.

2. 약물치료가 뇌 발달을 정상화하나요?

자극제 치료가 뇌 발달에 긍정적인 영향을 미친다는 연구 결과들이 있습니다. 특히 주의력과 보상 처리에 중요한 섬엽과 측좌핵(기저핵 부위)이 일반 아동의 발달 경로에 가까워진다는 보고가 있습니다. 약물 중단 후에도 이러한 변화가 지속되는지 여부는 명확하지 않습니다.

한편, 약물치료로 인지 능력과 대인 관계가 개선되면, 이것이 뇌 발달을 간접적으로 촉진할 가능성이 있습니다. 예를 들어, 주의력이 향상되면 타인과의 소통이 원활해져 언어 발달에도 도움이 될 수 있는 것이죠. 약물이 뇌 발달에 미치는 영향은 현재도 활발히 연구되고 있습니다.

3. 약물치료가 공부를 잘하게 하나요?

최근 일부에서 ADHD 약물을 '공부 잘하는 약'으로 오해해 성적 향상을 목적으로 오용하는 경우가 있습니다. 그러나 ADHD 약물이 공부를 잘하게 만들어주는 것은 아닙니다. 뿐만 아니라, ADHD가 없는 사람의 경우에는, 자극제가 도파민과 노르에피네프린을 과도하게 증가시켜 불면, 불안, 초조함, 심혈관 이상, 약물 의존, 정신병적 증상까지 야기할 수 있습니다. 또한, 성적에 대한 압박을 더해 오히려 정신건강을 해칠 수도 있어요. 따라서 성적 향상만을 위한 자극제 복용은 매우 위험하며 절대 권장되지 않습니다.

4. 한 번 ADHD 약을 쓰기 시작하면 계속 써야 하나요?

약물치료를 시작했다고 해서 무조건 계속 써야 하는 것은 아닙니다.

고혈압 환자가 약물을 시작해서 혈압이 정상화되었다면, 약을 계속 써야 할까요? 운동, 체중 감량, 식단 조절 등을 통해 혈압이 잘 조절된다면 약물을 줄이거나 끊어볼 수도 있습니다. 반대로 생활 습관 개선 없이 약물을 중단하면 혈압이 다시 올라갈 가능성이 크죠.

ADHD 약물치료도 마찬가지입니다. 증상의 호전 정도, 개인의 상황에 따라 약물 사용 여부를 조정할 수 있습니다. 특히 약물 효과가 미미하거나 부작용이 크다면 의사와 함께 약을 줄이거나 변경하거나 중단하는 것을 상의할 수 있습니다. 일반적으로 약물치료가 효과가 있는 경우에도 6개월~1년에 한 번 정도 약물의 효과와 부작용을 재평가해 필요하면 조정하는 것이 권장됩니다.

학교에서 일어나는 문제 개선이 주요 목표이거나 부작용이 우려된다면, 주말이나 방학 동안 약물 복용을 쉴 수도 있습니다. 복용을 쉬는 동안 칼로리 섭취를 늘리거나 수면의 질을 개선할 수 있죠. 반면, 가정과 사회생활에서도 ADHD 증상이 문제가 되거나, 루틴과 일관성이 중요한 경우에는 지속적으로 복용하는 것이 좋습니다.

이처럼 약물 복용 스케줄은 아이의 상황에 맞춰 처방 의사와 상의해서 결정해야 합니다.

5. 약물치료를 하면 키가 덜 자라나요?

자극제가 키 성장에 미치는 영향에 대해서는 연구 결과가 엇갈립니다.

미국 국립정신건강연구소(National Institute of Mental Health, NIMH) 주도하에 진행된 대규모 연구(MTA) 결과가 2020년에 발표되었습니다. 자극제를 16년간 꾸준히 복용한 ADHD 그룹의 성인 키는, 거의 복용하지 않은 ADHD 그룹에 비해 평균 4.06cm, 불규칙하게 복용한 그룹에 비해 평균 2.74cm 작았습니다. 누적 사용량이 많을수록 성장의 억제 정도가 크고, 특히 11세에서 15세 사이에 두드러지게 나타났습니다.

반면, 2023년 발표된 스웨덴의 대규모 데이터 분석에서는, 가족들의 키와 사회 계층 등을 고려하면, 자극제 치료 여부에 따른 키 차이는 거의 없는 것으로 나타났습니다.

자극제와 키 성장의 관계는 여전히 논쟁 중입니다. 키 성장 억제가 우려된다면 복용 시간 조절, 주말 복용 중단, 비자극제로 변경 등을 고려할 수 있습니다. 치료 전후로 키와 발달을 꾸준히 기록하며, 치료 효과와 부작용의 위험성을 의사와 충분히 논의하는 것이 중요합니다.

6. ADHD 약은 중독되나요?

ADHD 치료 약물의 중독성에 대해 우려하는 분도 많습니다. 비자극제 약물은 중독 위험이 거의 없습니다. 자극제 약물도 의사의 처방과 지시에 따라 복용하는 경우에는 중독 위험이 매우 낮습니다. 그러나 처방 용량보다 과도하게 또는 다른 경로로 복용하는 경우에는 중독의 위험이 증가합니다.

ADHD 뇌는 보상 처리와 도파민 시스템이 불안정하기 때문에, 도파민을 올리기 위해 더 강한 자극을 찾게 되어 여러 가지 중독에 좀 더 취약한 편입니다. 그런데 자극제 치료로 도파민 시스템을 안정화하고 충동성과 위험 행동을 줄이면, 중독 위험이 낮아진다는 연구 결과가 다수 있습니다. 한편, 2023년 발표된 MTA 연구 결과에 따르면, 자극제 치료는 물질 사용 장애(중독)를 촉발하지도 예방하지도 않는 것으로 나타났습니다.

결론적으로, 현재 의학계에서는 처방대로 적절히 복용할 경우 자극제의 중독 위험은 매우 낮다는 데 의견을 같이합니다.

개별적으로 중독의 우려가 큰 경우에는 아이의 특성과 상황을 고려해 의사와 충분히 상의한 후 치료 방향을 결정하도록 합니다. 약물치료 중에는 아이가 정해진 시간과 용량에 맞춰 잘 복용하고 있는지 살펴봅니다. 친구에게 약을 나눠주거나, 여러 알을 한 번에 복용하는 일이 없도록 교육합니다.

의사를 찾을 때 팁: 의사와 소통하는 법

제가 강연을 할 때 자주 듣는 질문이 있습니다.

"우리 아이가 이런 상황인데, 어떤 약을 써야 할까요?"

"이런 부작용이 있는데, 약을 바꿔야 하나요?"

이런 질문을 받을 때마다 저는 이렇게 대답합니다.

"그 부분은 꼭 처방하는 진료 의사 선생님과 상의하세요."

저는 아이를 직접 진료한 의사가 아니라서 아이의 건강과 현재 상황을 정확히 모르기 때문에, 섣부른 조언은 오히려 해가 될 수도 있습니다. 이것이 댓글이나 이메일을 통한 구체적인 약물치료 조언이 불가능한 이유입니다.

부모로서 신뢰할 수 있는 의사에게 아이의 치료를 맡기고 싶은 것은 당연합니다. 특히 약물치료를 시작하면 의사와의 소통이 더욱 중요해집니다. 약물치료를 시작하기 전에 다음과 같이 의료진과 소통할 방법을 알아보세요.

"어린아이에게 약을 쓰려니 걱정이 되는데요. 약이 잘 맞지 않거나 부작용이 생기면 어떻게 연락드릴 수 있을까요?"

의사 본인이 아니더라도 간호사, 이메일, 환자 포털 등을 통해 소통이 가능한지 보세요. 약에 대한 걱정이나 문제가 생겼을 때 혼자 오래 고민하지 말고 바로 연락하는 것이 중요합니다. 약물치료는 아이, 부모 그리고 의사가 협력하며 최적의 치료를 찾아가는 과정이기 때문입니다.

평소에 아이의 약물 반응과 상태를 메모해두면 좋습니다. 진료 시간에 다음과 같이 구체적으로 설명해주세요.

"학교에서 문제가 되는 행동이 많이 줄었다고 해요. 그런데 식욕이 떨어져서, 식사량이 절반으로 줄었네요."

"집중력이 늘어서 숙제를 제시간에 마치게 됐어요. 그런데 밤 12시까지도 잠이 안 온다고 해요."

의사는 이를 바탕으로 효과와 부작용을 파악해 약물치료 방향을 판단하고 권유할 수 있습니다.

약을 먹고 달라지거나 도움이 되는 부분 또는 불편한 점은 있는지 아이에게 직접 물어보는 것도 좋습니다. 어떤 아이는 "집중이 더 잘 돼요", "기분이 좀 멍해요"처럼 자기 느낌을 잘 표현하기도 합니다.

아이의 반응을 관찰하세요

ADHD 약물치료의 효과와 반응 그리고 부작용에는 개인차가 있습니다. 따라서 다른 아이가 특정 약물로 효과를 보았다고 해서 우리 아이에게도 반드시 좋은 것은 아닙니다. 다른 아이에게 맞는 안경이라고 내 아이에게도 맞는 것이 아닌 것과 같습니다.

약물치료를 시작하면 의사와 긴밀히 소통하면서 효과는 높고 부작용은 적은 최적의 약과 용량을 찾아가게 됩니다. 안경을 맞출 때 렌즈를 바꿔 끼워보며 맞는 도수를 찾는 것과 비슷합니다.

참고로, 저는 치료 초기 약물 용량을 조절하는 데 몇 달이 걸렸습니다. 자극제 복용 후 가슴 두근거림과 긴장감, 식욕 저하와 수면 방해 같은 부작용이 있어, 의사와 상의해 용량을 많이 줄였습니다. 수면 방해 때문에 아침 7시 이전에 복용하고 있는데, 지금은 거의 부작용이 없습니다.

결국 약물치료 과정은 효과와 부작용(risks and benefits)을 저울질하면서 조율하는 여정입니다. 약을 복용함으로써 얻는 이점이 부작용보다 훨씬 크다면, 어느 정도의 부작용은 감수할 수도 있습니다. 예를 들어, 충동성으로 일상생활에 큰 어려움이 있는데 약물치료로 많이 호전됐다면 약간의 식욕 감소를 감당할 수도 있습니다. 정해진 답은 없으므로, 아이의 상황과 가족의 가치관에 따라 의사와 충분히 상의하며 신중하게 결정해야 합니다.

ADHD 치료는 잘 정립되어 있는 편이라, 전문가와 상의하면서 적절한 치료를 하면 대부분 경우 증상을 상당 부분 관리할 수 있습니다. 많은 사람이 ADHD를 가지고도 자신만의 강점을 발휘하며 만족스러운 삶을 살아가고 있으니, 희망을 가지고 치료해나가길 바랍니다.

ADHD 약물치료(자극제)의 효과와 부작용 저울

PART 4

산만한 아이, 가능성을 키우는 법

아이의 잠재력을 깨워라

아이의 특성과 환경이 잘 맞는가?

'사람-환경 적합성'이라는 말을 들어보셨나요? 개인의 특성과 그가 속한 환경이 얼마나 잘 어울리는지를 설명하는 개념입니다. 사람은 각자 다른 성격, 능력, 가치관, 흥미 그리고 강점과 약점을 가지고 있습니다. 이러한 특성은 어떤 환경에서는 재능으로 빛을 발하지만, 다른 환경에서는 어려움으로 나타날 수도 있습니다.

    이 개념은 ADHD나 다른 발달장애가 있는 아이들을 이해하는 데도 유용합니다. '장애'는 개인과 환경 사이의 부조화가 있을 때 증폭되니까요. 따라서 아이가 어려움을 겪는 경우, 아이와 환경 사이의 조율이 필요한 건 아닌지 살펴볼 필요가 있습니다.

사람-환경 적합성이 낮은 상황에서는 두 가지 방향으로 개선해 볼 수 있습니다.

첫째, 개인이 환경에 더 잘 적응하려는 훈련을 하는 것입니다. 함께 살아가는 환경을 한 개인에게 완전히 맞추기는 거의 불가능하기 때문입니다.

둘째, 가능한 범위 안에서 그 개인의 특성을 이해하고 수용하는 환경을 찾는 것입니다.

아이들은 저마다 능력을 더 잘 발휘하는 환경이 다를 수 있습니다. 앞서 배운 변이 조합의 고유성을 떠올려보세요. 어떤 아이는 카페처럼 주변에 소리가 있어야 집중이 잘 되고, 또 어떤 아이는 아주 조용한 공간에서만 생각이 잘 정리됩니다. 문제는 아이의 이런 특성을 이해하지 못한 채 "집중하려면 무조건 조용해야지"처럼 한 가지 방식만 강요하는 것입니다.

한국 사회는 특히 획일적인 기준과 정해진 틀에 맞춰야 한다는 압박이 강합니다. 거기서 조금만 벗어나도, 스스로를 부족하고 잘못된 존재라고 느끼기 쉽죠. ADHD가 있는 아이는 전형적인 아이들 중심으로 돌아가는 교실과 사회에서 더욱 큰 어려움과 소외감을 겪을 수 있습니다. 그러나 ADHD가 있는 아이도 적합한 환경을 만나면 남다른 강점을 발휘하며 잠재력을 꽃피울 수 있습니다.

저 역시 제 강점을 살릴 수 있는 정신과 의사의 길을 선택했기에 여기까지 올 수 있었습니다. 단점도 많았지만, 사람들과 이야기를 나누고 그들의 마음을 이해하는 일은 제 강점이었으니까요. 생각이 많고 말이 많은 아이가, 결국 생각과 말을 많이 해야 하는 정신과 의사가 된 셈입니다.

만약 제가 세무사나 외과 의사가 되었다면 어땠을까요? 꼼꼼하게 숫자를 다루고 계산하는 일은 저의 취약 분야입니다. 작은 실수가 큰 사고로 이어질 수 있는 외과 수술을 했다면 더 암담했을 것입니다. 의과대학 시절 동기들이 "나영이는 환자 배 안에 메스(수술용 칼) 넣고 꿰맬 애다"라고 농담할 정도였으니까요.

아이의 관심사와 강점, 약점 같은 특성과 환경과의 조화를 한번 관찰해보세요. 그리고 가능하면 아이에게 더 잘 맞는 환경이 되도록 지원해주세요. 예를 들어, 반복된 암기 위주의 입시 교육에 많은 시간을 보내는 것은 ADHD가 있는 아이에게 과도한 스트레스와 좌절을 줄 수 있습니다. 반면, 자유롭게 뛰어놀 수 있는 스포츠나 마음껏 표현할 수 있는 댄스, 음악, 만들기 같은 활동은 아이의 몰입감과 자신감을 높여주는 기회가 될 수 있습니다.

이 세상 모든 아이는 저마다 다른 꽃이고 나무입니다. 선인장은 물이 많으면 시들고, 미나리는 물이 없으면 자라지 못합니다. 마찬가지로 아이들도 잘 맞지 않는 환경에 놓인다면 비실비실 시들어갈 것입니다. 아이가 건강하고 생생하게 자랄 수 있는 잘 맞는 환경을 찾아보세요.

우리 아이의 강점 리스트 만들기

ADHD가 있는 아이들은 부족한 점을 지적 받는 빈도가 높아서 자신의 약점이나 단점을 더 잘 인지하고 있습니다. 하지만 모든 아이에게는 고유한 강점과 잠재력이 있습니다. 이를 발견하고 인식시켜주는 것이 아이의 자존감을 지켜주는 좋은 방법입니다.

다음 팁을 따라 아이의 강점 리스트를 만들어보세요. 아이에게 리스트를 때때로 보여주며 격려해주세요. 새로운 강점이 보이면 계속 더하고 수정할 수 있습니다.

| 1단계: 아이의 강점 떠올리기 |

아이의 성격, 행동, 관심사 등을 관찰하며 강점을 찾아봅니다. ADHD가 있는 아이들은 종종 창의력, 열정, 에너지, 호기심 등 독특한 강점을 가지고 있습니다. 다음 질문을 참고해 아이의 강점을 써보세요.

● **아이가 잘했던 것은 무엇인가요?**

예) 친구와 줄넘기 배우기, 그림 그리기, 새로운 이야기 만들기

_____

_____

_____

● **아이가 열정을 보이는 활동은 무엇인가요?**

예) 공룡 책 읽기, 레고 조립하기, 케이팝 댄스 따라 하기

_____

_____

_____

● **아이가 다른 사람을 돕거나 긍정적인 영향을 준 일을 적어보세요.**

예) 동생에게 장난감 양보하기, 친구에게 먼저 인사하기, 놀이기구가 무서운 친구의 손 잡아주기

_____

_____

_____

| 2단계: 강점 표 만들기 |

다음 표를 참고해서 아이의 강점 표를 만들어보세요. 아이에게서 해당 강점이 보이는지 체크(V)하고 구체적인 사례를 적어보세요.

강점	V	구체적 사례
창의성/독특한 문제 해결 능력		
에너지/운동 감각		
호기심/탐구심		
유머 감각		
사회적 능력		
적응력/까다롭지 않음		
빠른 결정력/위기 대처 능력		
도전 정신		
열정/몰입		
예술 감각		
특별한 재능/능력		
기타 강점		

아이의 길을 미리 정하지 않아도 됩니다

ADHD가 있는 아이가 커서 어떤 직업을 가질지 걱정하는 부모가 많습니다. 그러나 미리 직업을 정해 고민할 필요는 없습니다. 아이의 삶에 한계를 두는 것은 오히려 잠재력을 제한할 수 있어요. 특정 방향으로 끌어줘야 한다는 부담도 내려놓아도 됩니다. AI 혁명이 일어나고 있는 지금, 어느 한 길을 정해 끌고 가는 것이 과연 현명할까요?

부모가 할 일은 아이의 관심과 강점을 살펴보고, 아이가 자신의 고유함을 긍정적으로 여길 수 있도록 돕는 것입니다. 잠재력을 펼치는 일은 아이의 몫입니다. 아이가 몰두하거나 열정을 보이는 것이 있다면, "재밌어? 어떤 점이 좋아? 더 알아볼까?"라고 물어보세요. 관심 분야의 워크숍, 박물관, 캠프, 키즈랩 같은 체험 프로그램도 좋은 기회가 됩니다. 이렇게 자란 아이는 어른이 되어서도 자신에게 맞는 길을 주도적으로 찾아갈 힘을 지니게 됩니다.

ADHD가 있다고 해서 절대 못하는 일이나 반드시 잘하는 일이 정해져 있는 것은 아닙니다. 두 발이 없는 사람이 스노보드 선수가 되고, 청각·언어 중복 장애인이 연설가가 될 수도 있으니까요. 그럼에도 직업의 예시를 드는 이유는, 아이의 미래를 상상하기 힘든 부모에게 가능성을 보여주기 위해서입니다. 다만 이는 어디까지나 예시일 뿐, 사람마다 흥미와 강점이 다르기에 모든 ADHD 아이에게 적합하다는 뜻도, 여기에 없는 직업이 부적합하다는 뜻도 아닙니다.

일반적으로 ADHD가 있는 사람은 반복적이거나 경직된 환경보다 다양하고 유연한 환경에서 더 잘 적응합니다. 또 정적인 일보다 움직임이 많은 직업이 각성을 유지하는 데 도움이 되죠. 반면 엄격한 규율과 통제가 강한 환경은 어려울 수 있습니다. 무엇보다도 스스로 흥미와 관심을 가진 주제를 찾아 몰입할 수 있을 때 강점을 가장 잘 발휘할 수 있습니다.

ADHD 강점을 살릴 수 있는 직업 예시

강점	직업	특징
창의력	디자이너(그래픽, 상품) 작가(소설, 시나리오) 광고 기획자 영상 기획 및 편집자 요리사	창의적 아이디어를 시각화하거나 새로운 스토리를 만들어내는 데 강점이 발휘됨. 연상 사고가 혁신적인 아이디어로 이어질 수 있음
열정과 몰입	비즈니스 오너 유튜버/콘텐츠 크리에이터 이벤트 플래너 스포츠 코치	열정을 콘텐츠로 표현할 수 있음. 시장 변화나 고객의 다양한 요구에 민감하게 대응하고, 몰입하여 해답을 찾아냄
문제 해결 능력	IT 개발자 엔지니어 비즈니스 컨설턴트 연구원	복잡한 문제를 해결할 때 몰입과 과잉집중 능력이 유리함. 기술적이고 분석적인 환경에서 빛을 발함

호기심/ 도전 정신	여행 가이드 탐험가 저널리스트 기업가, 사업가	새로운 정보를 탐구하고 배우는 데 열정을 가짐. 자신이 관심 있는 주제를 깊이 파고드는 성향이 유리함
확산적 시야	예술가(화가, 음악가) 발명가 스타트업 창업자	기존의 틀을 벗어나 새로운 아이디어를 창출하는 데 탁월함. 확산적 사고로 창의적인 해결책을 제시할 수 있음
위기 대처 능력	응급구조사 의사, 간호사 소방관 경찰	빠른 적응력과 판단력, 위기 대응력, 강한 몰입력으로 위험을 피하지 않고 해결하려 함. 긴급한 상황에 오히려 월등한 능력을 발휘할 수 있음
높은 활동 성과 에너 지	스포츠 선수 헬스 트레이너, 필라테스/ 요가 강사 기능직, 기술직(전기 기능사, 배관 전문가) 헤어, 의상 디자이너	신체 활동을 즐기고, 강도 높은 훈련을 지속적으로 소화해 냄. 손으로 하는 일이 집중력을 높이고 만족감을 줌. 매번 다른 상황에 부딪혀 다양하고 변화가 많은 환경이 흥미와 긴장도를 유지해줌

산만한 아이의 자존감 지키기

간혹 ADHD 약물치료를 시작하면 모든 문제가 해결될 거라 기대하는 경우가 있습니다. 약물은 주의력이나 충동 조절을 개선할 수 있지만, 그렇다고 문제행동이나 학습의 어려움이 저절로 해결되는 것은 아닙니다. 안경으로 칠판 글씨가 잘 보인다고 수학 문제가 자동으로 풀리지 않는 것과 같습니다. 결국 모든 치료는 아이가 스스로를 믿고 노력할 때 진정한 효과가 나타나게 됩니다.

매일 실수하고 혼나면서 뒤처진다고 느끼는 아이들에게 '나는 사랑받는 아이야', '나는 충분히 괜찮은 아이야', '나는 할 수 있는 아이야'라는 믿음을 심어주는 것. 그것이 부모가 할 수 있는 가장 중요한 역할입니다.

따뜻한 관계가 아이의 잠재력을 꽃피운다

영어에 'Connect before correct'라는 표현이 있습니다. '훈육보다 연결이 먼저'라는 뜻이죠. 훈육이 잘 되고 있지 않다면 아이와의 관계가 어떤 상황인지 한번 점검해보세요. 연결이 잘 이루어지면, 아이 스스로 개선하려는 동기가 생겨 훈육도 훨씬 수월해집니다. 나아가, 부모와의 따뜻한 관계는 아이가 세상을 헤쳐 나갈 때 용기를 주는 안전기지가 됩니다. 어려움과 좌절이 있어도 다시 일어설 수 있는 회복탄력성의 토대가 됩니다.

따뜻한 관계의 중요성을 잘 보여주는 유명한 연구가 있습니다. 발달심리학자 에미 워너(Emmy Werner)는 하와이 카우아이섬에서 열악한 환경에서 자란 아이들을 40년간 추적 관찰했습니다. 그 결과, 예상과 달리 이 중 3분의 1 정도가 유능한 성인으로 성장했다는 것을 발견했습니다. "무엇이 이 아이들을 지켜주는 걸까?"라는 질문을 가지고 분석한 결과, 한 가지 공통점이 드러났습니다. 바로 이 아이들에게 '한결같은 지지를 보내는 안정적인 어른'이 존재했다는 사실입니다. 꼭 부모가 아니더라도 교사, 친척, 이웃 등 아이를 조건 없이 받아주고 믿어주는 단 한 명의 어른이면 충분했습니다.

한결같이 따뜻한 지지는 아이에게 어떤 상황에서도 자신이 사랑받는 존재라는 믿음을 심어줍니다. 이 믿음은 아이가 평생 살아가는 동안 역경 속에서도 흔들리지 않는 든든한 자존감의 뿌리가 되어줍니다.

아이의 가능성을 믿는 부모의 힘

이러한 '한결같이 지지하는 안정적인 어른'의 결정적인 역할에는 피그말리온 효과가 숨어 있습니다. 이는 누군가에 대한 긍정적인 기대와 믿음이 실제 변화를 이끌어낼 수 있다는 원리입니다. 조각가 피그말리온이 사랑을 쏟은 여인상이 사람으로 변했다는 그리스 신화에서 유래한 거죠.

    이 효과를 실제로 보여준 유명한 실험이 바로 '교실에서의 피그말리온' 연구입니다. 연구진은 캘리포니아의 한 초등학교에서 전교생을 대상으로 IQ 테스트를 실시했습니다. 그리고 교사들에게 '급격한 지능 향상을 보일 것으로 예상되는 학생들'의 명단을 주었습니다. 사실은 그 명단은 무작위로 뽑은 20%의 학생들이었습니다.

    8개월 후 결과는 놀라웠습니다. 그 명단에 있는 학생들의 IQ가 평균 12점이나 향상된 것입니다. 학년이 낮을수록 향상 폭이 컸고, 1학년의 경우는 평균 27.4점이나 올랐습니다. 무엇이 이런 극적인 결과를 낳았을까요?

비디오 분석에 따르면, 교사들은 '향상 가능성이 큰 학생들'에게 더 자주 미소를 짓고, 눈을 맞추며, 질문할 기회를 더 많이 주었습니다. 실수했을 때는 더 오래 기다려주고, 목소리 톤도 한결 따뜻했습니다. 하지만 교사들 자신은 모든 아이를 똑같이 대했다고 믿었습니다. 마음에 있는 긍정적 기대와 믿음이 무의식적으로 말과 행동에 나타났던 것이죠.

결국 그 아이들에 대한 믿음이 자기 충족적 예언이 되어, 실제로 기대한 만큼의 성장을 이끌어낸 셈입니다. 이는 "말이 씨가 된다"라는 속담처럼, "믿음이 씨가 된다"라는 것을 보여준 실험입니다.

자기신뢰의 씨앗을 심어주자

부모는 아이가 가진 ADHD의 유전적 요인을 바꾸어줄 수도 없고, 아이에게 맞추어 환경을 다 고쳐줄 수도 없습니다. 하지만 아이를 대하는 태도와 아이에게 건네는 메시지는 충분히 바꿀 수 있습니다. 말과 행동을 바꾸기가 어렵다면, 마음속의 믿음만이라도 바꾸면 됩니다.

'이 아이에게는 무한한 잠재력이 있다.'
'이 아이는 자신의 재능으로 세상에 기여할 사람이다.'
'이 아이는 시간이 걸리더라도, 자신의 삶을 주체적으로 살아갈 것이다.'

이런 믿음만 가지고 있다면 말로 굳이 표현하지 않아도 눈빛과 몸짓, 반응에 자연스럽게 묻어나게 됩니다. 아이는 그 믿음을 고스란히 느끼며 자라납니다. 그리고 그 기대를 저버리지 않고 점점 그 믿음에 걸맞은 사람으로 성장해갈 것입니다.

부모의 깊은 믿음을 아이에게 심어주는 쉬운 방법이 있습니다. 바로 『세상에서 가장 쉬운 본질육아』에도 소개한 '20초 허그 요법'입니다. 아이를 20초 동안 꼭 안아주면서 다음 두 가지 메시지를 주는 것입니다.

"○○아, 엄마(아빠)는 너를 그 모습 그대로 사랑해."

"○○아, 어떤 일이 있어도 너는 가치 있는 소중한 사람이야."

조건 없는 사랑과 절대적인 존재 가치를 흔들리지 않게 새겨주는 말입니다. 아이가 셋이 있어도 1분밖에 걸리지 않고 돈이 드는 것도 아니니 매일 꼭 해주세요. 조건부로 아이가 행동을 잘한 날만 하는 게 아니라 아침저녁 루틴에 넣어 무조건 해줍니다. 부모의 사랑은 노력해서 얻어야 하는 것이 아니니까요.

아이가 처음에는 어색해할지 몰라도, 곧 뭉클한 감동으로 느끼며 행복해할 거예요. 저도 남편이 처음으로 제 실수를 보고 화내지 않고, "I love you just the way you are(당신, 그 모습 그대로 사랑해)"라고 했을 때 눈물이 왈칵 쏟아졌으니까요.

완벽함이 아닌 수용이 필요하다

"잘하는 건 굳이 말할 필요가 없죠. 못하는 걸 야단쳐서 고쳐야죠."

한 어머니의 말입니다. 이런 양육을 받은 아이는 자라서 자신과 타인의 작은 실수도 용납하지 못하는 불안한 완벽주의자가 되었습니다. 끊임없이 지적하고 간섭하던 어머니는, 성인이 된 자녀에게 피하고 싶은 존재가 되었죠. 만약 배우자가 매일 나의 단점을 지적하고 고치려 든다면, 그 결혼 생활은 어떨까요? 지긋지긋해질 것입니다. 아이에게도 똑같습니다.

어떤 부모는 아이를 자신이 꿈꾸는 완벽한 꽃나무로 키우겠다며 모든 것을 희생합니다. 하지만 이런 태도는 관계를 해치고 아이의 자율성을 억누르며, 결국 아이를 의존적이고 자존감이 낮은 성인으로 자라게 합니다. 부모의 역할은 아이를 '완벽하게' 만드는 것이 아닙니다. 오히려 아이가 자신의 부족함까지 품고 살아갈 힘을 길러주는 것입니다.

한편, '완벽함'만큼이나 위험한 것이 '평범함'입니다. "평균은 되어야지, 남들 하는 만큼은 해야지"라는 말은 아이의 고유한 속도와 방향을 무시합니다. 혹시, ADHD를 뜯어고쳐 아이를 '완벽'이나 '평범'의 틀에 끼워 맞추려 하지는 않았나요? ADHD가 있는 아이가 가장 힘들어하는 것은 틀에 맞추는 것이고, 가장 잘하는 것은 자기 고유함을 드러내는 것입니다. 아이 안에 있는 잠재력은 자신에게 맞는 길을 찾았을 때 비로소 활짝 펼쳐진다는 것을 잊지 마세요.

다양한 꽃나무가 있듯, 아이가 고유하고 다르다는 사실을 받아들여보세요. 그 순간 부모의 마음은 한결 편안해지고, 아이는 생기를 되찾아 새 가지를 힘차게 뻗기 시작할 것입니다.

핀란드에는 "우리에게는 어떤 뇌도 낭비할 여유가 없다"는 교육 원칙이 있습니다. 모든 아이의 뇌가 저마다 고유한 가치와 쓰임이 있다는 신념이 담긴 말이죠.

출생률이 바닥을 치고 있는 한국에서는, 실로 단 하나의 뇌도 놓쳐서는 안 됩니다. 수학을 못 한다고, 사회성이 부족하다고, 산만하다고 잠재력이 없는 것이 아닙니다. 그 아이만의 강점을 발견해주고, 그 안에서 자부심을 느끼게 해주세요. 부족하거나 느린 순간에도 그것을 부끄럽게 여기지 않고, 좌절을 성장의 과정으로 경험할 수 있도록 도와주세요.

"수학이 어렵구나. 엄마(아빠)도 수학이 어려웠거든. 그래도 다섯 문제나 풀었네! 그렇게 차근차근 해나가면 돼."

"영어가 힘들지? 괜찮아. 너는 이야기를 재미있게 하고, 상상력이 풍부하잖아. 너의 특별한 점들이 언젠가 세상을 더 빛나게 할 거야."

부모에게 이런 메시지를 듣고 자란 아이는 남들의 비난에 상처는 받을지라도 쉽게 무너지거나 꺾이지 않습니다. 세상의 풍파 속에서도 단단하게 자라나, 결국 자기만의 색과 향의 꽃을 피울 것입니다.

아이의 자존감을 지키는 말

ADHD가 있는 아이들은 부정적인 피드백을 많이 받다 보니, 부정적인 언어에 민감한 경우가 많습니다. "너는 왜 이렇게 못됐니? 너무 이기적이야!" 같은 인격을 비난하고 비판하는 말은 행동 교정에 효과적이지도 않고, 부정적인 자아상을 심어줄 수 있습니다. 대신, "친구가 기다리고 있네. 이제 친구도 타게 다섯 세고 그만 타자"처럼 상황을 객관적으로 묘사하고 대안을 제시해보세요.

아이의 어려움을 공감해주고, 단순히 "하지 마"라고 하기보다 "이렇게 해보자"라고 바람직한 행동을 가르쳐주세요. 행동이 즉각 수정되지 않아도 연습과 훈련이 쌓이면 점차 변화가 생길 거예요.

아이와 소통할 때 다음 표를 참고해 비난의 표현이 아닌 지지하는 표현을 써보세요. 이대로 말하기 어렵다고 자책할 필요는 없습니다. 앞서 보았듯이, 부모와의 따뜻한 관계와 자기신뢰가 잘 다져졌다면 아이는 잘 클 수 있으니까요. 조금씩 연습하면서 부모와 아이가 함께 성장하는 과정으로 여기면 됩니다.

자존감을 지키는 상황 별 표현법

상황	비난하는 표현	지지하는 표현
심부름을 시켰는데 하지 않고 다른 걸 할 때	도대체 말을 제대로 듣는 적이 없어!	그걸 하고 싶구나. 5분 있다 끝내고 엄마가 말한 거 하자. (타이머 활용)

숙제를 미루며 자꾸 피할 때	너는 왜 항상 미뤄?	어려운 부분이 있어? 조금씩 나눠서 해보자. 먼저 다섯 문제만(5분만) 해볼까?
다른 사람과 대화 중 끼어들 때	넌 왜 기다릴 줄을 몰라! 왜 맨날 끼어들어?	엄마(아빠)는 네 이야기를 잘 듣고 싶어. 이 얘기 끝나면 네 차례야. 기다릴 수 있지?
물건을 자꾸 잃어버릴 때	정신을 어디다 두고 다니니?	다음에 잊지 않으려면 어디에 두는 게 좋을까? 함께 생각해보자.
화가 나서 소리를 지를 때	왜 그렇게 예의 없이 행동해?	지금 속상한 게 많구나. 진정 코너에서 호흡해보자.
방을 어지럽히고 정리하지 않을 때	이렇게 지저분한 방은 처음 본다, 돼지 우리 같네. 너 또 흘렸어? 조심 좀 해!	오늘은 함께 정리해보자. 책상 먼저 할까, 방 바닥 먼저 할까? 우유가 바닥에 쏟아졌네. 걸레로 닦아야겠다.
순서를 기다리지 못하고 뛰어들 때	왜 조금도 기다리지 못해!	기다리는 게 쉽지 않지? 조금만 참으면 네 차례야. 엄마가 같이 기다려줄게.
충동적으로 친구의 물건을 가져올 때	왜 남의 것을 함부로 건드려?	남의 것을 그냥 가지고 오면 절대 안 돼. 사과하고 꼭 빌려줄 수 있냐고 물어봐. 돌려주고 우리 걸 찾아보자.
설명을 듣지 않고 자기 방식대로 할 때	왜 이렇게 말을 안 듣고 고집이 세?	너만의 방법으로 해보고 싶구나. 그렇게 하면 어떻게 될 거 같아?

산만한 아이를 위한 상황별 훈육법

간혹 아이를 조건 없이 사랑하고 이해해주는 것을, 모든 행동을 허용하고 아이의 기분을 다 맞춰주는 것으로 오해하는 경우를 봅니다. 그러나 아이가 정서적으로 건강하게 성장하려면 좌절과 만족을 균형 있게 경험해야 합니다.

부모의 역할은 모든 좌절을 막아주거나 즉시 좌절에서 구해주는 것이 아닙니다. 오히려 자신의 뜻대로 되지 않았을 때 오는 좌절을 아이 스스로 견뎌낼 힘을 길러주는 것입니다. 이러한 '좌절 감내 능력'은 회복탄력성과 독립성을 기르는 데 필수적입니다.

책임감을 가르치는 훈육

훈육은 아이가 바람직한 행동을 배워서 스스로 할 수 있도록 돕는 과정입니다. 단순히 '벌'을 주는 것이 아니라, 다음에 어떻게 해야 하는지를 가르치는 것이죠. 이 과정에서 아이가 자신의 행동에 따른 결과를 직접 경험하게 하는 것이 무엇보다 중요합니다. '자연스러운 결과(Natural consequence)'와 '논리적인 결과(Logical consequence)'를 활용하면 아이는 자신의 선택과 그에 따르는 책임을 배우게 됩니다.

자연스러운 결과는 부모가 인위적으로 벌을 주지 않아도 아이가 행동의 결과를 스스로 경험하는 것입니다. 예를 들어, 학용품을 챙기지 않으면 수업 중 불편을 겪고, 숙제를 안 가져가면 점수가 깎이는 경험을 하는 거죠.

아이가 좌절할까봐 부모가 매번 가방을 챙겨주면 책임감을 배울 기회를 잃게 됩니다. 대신 "엄마(아빠)도 어릴 때 가방 싸는 게 힘들더라. 함께 체크리스트를 만들어볼까?"처럼 어려움을 공감하며 개선을 돕습니다.

논리적 결과란, 잘못된 행동에 따른 결과를 미리 정해두고 일관되게 적용하는 것입니다. 예를 들어, "놀이터 안전 수칙을 지키지 못하면 집에 돌아온다"는 규칙을 아이와 함께 미리 정해둡니다. 그리고 놀이터에서 순서를 지키지 않고 친구를 밀었다면, 더 놀겠다고 떼를 쓰더라도 규칙대로 집으로 돌아오는 것이죠. 자신의 행동이 낳은 결과를 경험하게 하여 그 인과관계를 명확히 이해하도록 하는 것입니다.

 이때, 아이를 심하게 야단치면서도 집에 돌아오지 않는다면 가르침의 효과는 거의 없습니다. 한 방송에서 아이가 음식을 바닥에 흘렸을 때, 어머니가 부드럽게 "괜찮아. 네가 치울 거니까"라고 하는 장면을 보았습니다. 이처럼 존중하는 태도로 대하되 행동의 결과를 스스로 책임지게 하는 것이, 비난이나 고성, 체벌보다 더 강력한 훈육이 됩니다.

감정은 인정하고 행동은 교정하라

훈육의 기본 구조는 '공감 → 규칙 → 대안'으로 이해하면 좋습니다. 첫 단계는 아이의 감정을 인정하는 것입니다. 아이가 화가 나거나 좌절했을 때 그 마음을 먼저 알아주면, 아이는 '내 마음을 엄마(아빠)가 알긴 아는구나'라고 느끼며 감정의 강도가 좀 낮아질 수 있습니다.

 반대로 "왜 이렇게 유난이야?"처럼 아이의 감정을 부정하면, 아이는 부모가 자신의 마음을 몰라준다고 생각합니다. 그러면 '이 정도로는 전달이 안 되는구나. 더 강하게 표현해야겠다'라는 생각에 떼쓰는 강도가 높아질 수 있습니다.

감정을 인정하는 것과 부적절한 행동을 허용하는 것은 다릅니다. '감정은 인정, 행동은 교정'을 기억해보세요. 앞서 본 '훈육보다 연결이 먼저'와 비슷한 개념이죠.

행동을 교정할 때는, "엄마 말 들어!"처럼 무조건적 복종을 요구하기보다 "규칙을 지키자"라는 메세지를 주는 것이 중요합니다. 그래야 아이가 규칙을 내재화하여 자율적으로 올바른 행동을 할 수 있게 됩니다. "이건 우리가 함께 정한 가족 규칙이야. 우리 모두가 지키는 거야"처럼 부모의 기분이 아닌 합의된 기준을 강조하면, 아이는 더 공정하게 받아들입니다.

마지막 단계는 바람직한 대안을 구체적으로 제시하는 것입니다. 예를 들어, 친구를 밀친 상황이라면 '공감 → 규칙 → 대안'을 이렇게 진행할 수 있습니다.

> "네가 기다리고 있었는데 쥬수가 먼저 타서 속상했구나." (공감)
> "그렇다고 친구를 밀면 절대 안 돼. 다칠 수 있고 위험해." (규칙)
> "그럴 땐 '내가 기다리고 있었는데, 네가 먼저 타면 어떡해'라고 말로 하면 돼." (대안)

훈육은 단순한 지시나 금지가 아니라, 삶에서 중요한 것들을 배우는 기회가 되어야 합니다. 지금 이 훈육을 통해 아이에게 무엇을 가르치려는지 먼저 생각해보세요. 이때, 신뢰(정직), 성실, 배려, 기여 같은 삶의 가치를 규칙과 연결해 가르치면 좋습니다. 예를 들어, 공공장소에서 뛰지 않는 것은 다른 사람의 안전을 지키는 '배려'이고, 빨래를 내놓는 것은 가족 구성원으로서의 '기여'임을 알려주는 것이죠. 아이가 규칙 속에서 이런 가치를 배우면, 그 의미를 깊이 이해하고 스스로 바로 설 힘을 기르게 됩니다. 더 자세한 내용은 『세상에서 가장 쉬운 본질육아』의 '가치를 가르치면 어떤 경우에도 아이는 바로 선다(102~113쪽)'를 참고하세요.

동기와 자율성을 함께 키우는 법

규칙을 제시할 때 무조건적 지시보다 선택권을 주면 저항이 줄고 동기부여가 됩니다. 허용 범위 내에서 선택하는 습관은 아이의 자율성을 키우는 데도 중요한 역할을 합니다.

예를 들어 옷을 입고 집을 나서기를 거부하는 상황이라면, "파란 티셔츠 입을래, 노란 티셔츠 입을래?"라는 두 선택지를 줄 수 있습니다. 아이가 "둘 다 싫어!"라고 해도, 거기에 반응하지 않고 "파란 티셔츠, 아니면 노란 티셔츠?"처럼 제시했던 선택지만 차분히 반복합니다. 이를 앵무새 같다고 해서 패럿팅(Parroting) 기법이라고 합니다.

게임을 정해진 규칙대로 마쳐야 하는 상황이라면 "5분만 더 할래, 아니면 지금 끄고 내일 10분 더 할래?" 또는 "5분 더 할래, 아니면 지금 끄고 배드민턴 치러 갈래?" 같은 허용 가능한 선택지를 줍니다. 아이가 "계속할래"라고 해도 "5분 더, 아니면 배드민턴?"만 반복하는 거죠.

위의 배드민턴 예처럼 흥미 있는 활동을 선택지에 포함하면 아이의 주의를 돌리고 갈등을 줄이는 데 도움이 됩니다. 아동기에는 부모와의 즐거운 시간이 최고의 인센티브가 되죠. 청소년기에는 일방적 통제보다 아이와 함께 규칙을 정하고 자율성을 주면서 점진적으로 조율해나가는 것이 더 효과적입니다.

성장을 이끌어내는 말

아이의 행동이 금방 바뀌기는 어렵습니다. 변화 속도가 느려도 작은 성취를 즉시, 구체적으로 칭찬해주세요. 그러면 다음 번에도 그렇게 하고 싶은 내적 동기가 쌓입니다.

"5분 동안 집중해서 숙제를 했구나! 나영이는 하려고 마음먹으면 잘하는 아이지."

"스스로 규칙대로 그만했네. 이제 많이 컸다. 멋졌어!"

이런 뿌듯함과 즐거움을 자주 경험하게 하면, 부정적인 감정 반응의 빈도와 강도는 자연스럽게 줄어듭니다.

또, 성취하지 못했을 때에도 노력과 과정을 인정하며 "연습하면 점점 더 쉬워질 거야"라고 격려해주세요. 지금은 어렵더라도 배우고 익히면 나아질 수 있다는 성장 마인드셋(Growth mindset)을 심어주는 것이 중요합니다. 그렇게 하면 아이는 실패에 좌절하지 않고, 희망을 가지고 도전과 배움 자체를 즐기며 성장하게 됩니다.

ADHD가 있는 아이는 일반 아이들보다 더 많은 인내가 필요하지만, 훈육의 핵심 원리는 동일합니다. 『세상에서 가장 쉬운 본질육아』에서 그 원리를 참고하세요.

이제 실제 사례를 통해 어떻게 아이를 도와주면 좋을지 더 자세히 알아보겠습니다. 비슷한 상황에서 우리 아이에게 적용해보세요.

케이스 1: 고집이 세고 쉽게 화를 내요

"어른 말을 듣지 않고, 뭐든지 자기 마음대로 하려고 해요. 제 뜻대로 되지 않으면 짜증과 화를 참지 못 해요."

ADHD가 있는 아이는 전전두피질이 미숙해서 감정 조절과 만족 지연이 어려울 수 있습니다. 작은 자극에도 화를 내거나 폭발하는 경우도 흔하죠. 침착하게 '공감 → 규칙 → 대안' 순으로 훈육합니다. "이게 화날 일이야?"보다 "이게 속상하고 화가 나는구나"라고 감정을 먼저 이해해줍니다. 다른 아이들에겐 별일 아닌 것이 이 아이에겐 화나는 일일 수도 있습니다.

규칙과 대안에 대한 훈련이 반복되면 아이는 점차 자기조절력을 키우게 될 것입니다.

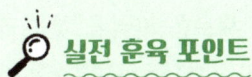
실전 훈육 포인트

- **감정 신호 읽기**: 아이의 표정·몸짓·말투 변화에서 화가 나기 전의 전조를 파악해 감정 인식을 도움
  예) "놀이터에서 더 놀고 싶었는데 집에 가야 해서 화가 났구나." "재미있게 놀고 있었는데 끝내야 하니까 속상하겠다."
- **감정 인식과 표현 훈련**: "싫어요, 화나요"처럼 말로 표현, 호흡 또는 자리 벗어나기 등 진정 방법 연습(브레이크 훈련 97쪽, 감정 온도계 103쪽, 감정 하트 104쪽 참고).
- **명확한 규칙과 한계**: 사전에 정한 규칙과 결과를 일관되게 적용
  예) "더 놀고 싶어도 약속한 시간이니까 집에 가야 해. 바닥에 누워서

떼쓰는 거는 건 안 돼."
- **선택권 주기, 패럿팅:** 두 가지 허용할 수 있는 선택지를 반복 제시
  예) "미끄럼틀 한 번 더 탈래, 그네 한 번 더 탈래?" 또는 "혼자 걸어 갈래, 엄마 손 잡고 갈래?"
- **긍정 경험 강화:** 작은 성공이나 진전을 구체적으로 칭찬

케이스 2: 공공장소에서 소란을 피워요

"식당이나 공공장소에서 뛰어다니거나 소리를 지르며 소란을 피워요. 앉아 있으라고 해도 말을 듣지 않아요."

ADHD가 있는 아이는 활동성이 높고 새로운 자극을 찾는 경향이 있어, 식당이나 상점처럼 자극이 많은 곳에서 흥분하기 쉽습니다. 이런 상황은 OT 요법으로 미리 규칙을 정해 놓는 것이 중요합니다. 또 아이가 지루하지 않게 활동거리를 미리 준비할 수 있습니다.

그래도 소란을 피울 때는, 공감 → 규칙 → 대안 순으로 훈육합니다.

해야 하는 행동을 명확하게 지시하고, 따르지 않을 때 어떤 결과가 올 것인지를 짧게 리마인드 해주세요.

"제자리에 앉아서 먹어. 그래야 다른 사람들도 편하게 밥을 먹을

수 있어."

"계속 뛰어다니면 식당에서 나가야 해."

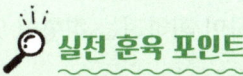
실전 훈육 포인트

- **OT 요법:** "식당에서는 조용히 앉아서 먹기", "뛰어다니면 식당에서 나온다"는 규칙과 결과를 설정
- **에너지 미리 발산:** 공공장소에 가기 전 짧게 뛰어놀거나 걷기 등으로 활동 욕구 발산, 식당에서 중간에 "화장실 다녀올까?"라며 짧은 활동 기회 제공
- **대체 활동 준비:** 색칠놀이나 간단한 게임처럼 앉아서 할 수 있는 것을 제공. "색칠할래? 아니면 그림책 볼래?" 같은 선택지 제공
- **짧고 단호한 지시:** "지금은 앉아 있어야 해. 계속 뛰면 나가야 해"처럼 규칙과 행동에 따르는 결과 상기
- **김밥 요법:** "5분 동안 앉아 있기"처럼 작은 목표를 주고, 성공하면 즉시 칭찬. 타이머 활용
- **상황 벗어나기:** 소란이 계속되면 잠시 나갔다가 진정 후 재입장
- **사후 대화:** 왜 규칙이 필요한지, 다음엔 어떻게 할지 대화
  예) "아까 식당에서 뛰어다니는 게 너에게는 재밌었겠지만, 다른 사람들에게는 불편을 끼친 거야.""다음에는 식당에 가서 어떻게 하면 좋을까?"

케이스 3: 구구단을 못 외워요

"구구단을 외워야 하는데 도통 외우려고 하질 않아요."

ADHD가 있는 아이는 도파민 분비가 적고 각성 수준이 낮아, 반복적이고 지루한 암기 과제를 특히 힘들어하며 피하려는 경향이 있습니다.

이때, "너는 몇 살인데 아직 구구단도 못 외우니? 네 사촌은 유치원 때 다 외웠대" 같은 비난과 비교는 아이의 자존감과 유능감을 떨어뜨리고, 학습 의욕마저 꺾습니다. 대신 작은 목표와 긍정적인 분위기 속에서 성취감을 느끼게 도와주세요.

나영이도 구구단 외우는 것이 어려웠습니다. (지금은 그냥 음성 비서에게 묻곤 합니다.) 중학교 때는 영어로 12개월을 외우는 'January, February, March…'조차 쉽지 않아, 선생님과 나머지 공부를 해야 했습니다. 의과대학에 가서도 '골학'이라고 몸의 모든 뼈 이름을 외워야 하는 과정이 있었는데, 그때도 거의 낙제할 뻔했습니다.

최근 연예 대상도 받은 방송인이자 웹툰 작가인 기안84는 6학년 때까지 구구단을 못 외웠다고 합니다. 그렇지만 자신이 흥미 있고 잘하는 그림에는 초집중할 수 있었답니다. 백년 인생을 살아가는 데 중요한 것은 구구단이 아니라, 아이가 스스로를 긍정적으로 바라보는 믿음이란 것을 떠올려보세요.

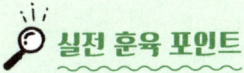
- **김밥 요법:** "오늘은 2×1, 2×2까지만 외우기"처럼 작은 목표를 설정해 달력에 기록
- **감각·매체 다양화:** 노래, 몸동작, 그림, 게임을 활용해 흥미 주입
- **작은 성취 인정:** 하루 목표 달성 시 스티커·작은 보상으로 동기 강화
- **긍정 메시지:** "사람마다 잘하는 건 다 달라. 매일 조금씩 하면 돼." "오늘 두 개나 외웠네!"

케이스 4: 아침마다 전쟁이에요

"아침마다 너무 늑장 부려요. 준비물도 맨날 빠뜨리고요. 결국 지각해서 제가 매일 소리를 지르게 돼요."

ADHD가 있는 아이에게 아침 준비는 복잡한 미션입니다. 각성이 더딘 데다 시간 감각과 실행 기능이 약해 순서대로 빠뜨리지 않고 해내기가 어렵습니다.

이럴 땐 뇌의 부담을 줄여주는 루틴과 리추얼이 효과적입니다. 서툴다고 부모가 다 챙겨주기보다 아이 스스로 자연적인 결과를 경험하게 하는 것이 자율성을 키워주는 길입니다.

 **실전 훈육 포인트**

- **시각적 아침 루틴:** 아침 준비 순서를 그림이나 사진으로 시각화(루틴표 73쪽 참고)
- **김밥 요법:** 작은 단계로 나누어 익숙해질 때까지 체크리스트 활용
- **시간 감각 훈련:** "10분 안에 옷 입는 것을 마쳐보자"라며 비주얼 타이머 설정, 좋아하는 노래 한 곡이 끝날 때까지 특정 활동을 끝내는 리추얼 실천
- **전날 미리 준비:** 옷과 책가방을 자기 전에 미리 준비하는 루틴 실천
- **작은 성공 칭찬:** 노력과 진전을 구체적으로 칭찬
  예) "오늘 양말까지 스스로 신은 거 정말 잘했네!" "우와, 어제보다 5분이나 더 일찍 준비했네!"

케이스 5: 친구들과 어울리기 힘들어해요

"친구들과 잘 못 어울려요. 자꾸 끼어들거나 자기 마음대로 하려다 싸우고, 결국 외톨이가 돼요."

ADHD가 있는 아이는 충동성과 자기조절 어려움, 즉각적인 만족 추구 성향 때문에 기다리거나 양보가 힘듭니다. 그래서 '욕심쟁이'

또는 '이기적'이라는 인상을 주어 또래와 멀어질 수 있습니다.

사회성 습득은 구체적인 가이드와 반복 연습이 핵심입니다. "그네는 10번 세고 다음 친구에게 양보"처럼 구체적 행동을 알려줍니다. "친구랑 사이좋게 지내" 같은 모호한 말 대신 "친구들이 노는데 너도 같이 놀고 싶으면, '나도 같이 놀아도 돼?'라고 물어보면 돼" 처럼 구체적인 대화를 알려주세요.

역할극으로 실제 상황을 미리 연습하면 효과가 큽니다. 위험하거나 남에게 피해를 주는 행동을 교정해야 할 때는 "넌 왜 이렇게 화만 내니? 형 맞니?" 같은 비난이 아닌, 공감 → 규칙 → 대안 순으로 바람직한 행동을 가르쳐줍니다.

실전 훈육 포인트

- **구체적인 기술 지도**: 배려하며 노는 방법을 구체적으로 지도
  예) "친구가 이야기할 때는 끝까지 듣고 나서 말하는 거야." "같이 놀 땐 친구가 하고 싶은 놀이와 네가 하고 싶은 놀이를 번갈아 하는 거야." "만약 친구가 자기 하고 싶은 것만 하고 네 생각을 들어주지 않으면, 네 기분은 어떨까?"
- **OT 요법**: 놀이터 가기 전 '그네 5분씩' 같은 규칙 설정. 타이머 활용
- **역할극 연습**: 친구에게 말 걸기, 갈등 해결하기, 놀이 규칙 정하기 같은 상황을 역할극으로 연습

- **기다림 놀이:** 카드·보드게임으로 순서 기다리는 습관 훈련
- **이완 기술:** "말하기 전 5초 세기", "호흡 3번" 등을 루틴에 넣어 연습
- **상황 중심 피드백:** 비난이 아닌 '공감 → 규칙 → 대안' 구조로 설명
  예) "동생이 네 블록을 만져서 화가 났구나(공감). → 화가 나도 사람을 미는 건 절대 안 돼(규칙). → '그거 내 거야, 만지지 마'라고 해보자 (대안)."
- **긍정 피드백:** 작은 노력과 변화를 구체적으로 칭찬
  예) "친구가 이야기할 때 끝까지 잘 기다려주던데! 친구가 이야기를 잘 들어줘서 기분이 좋았을 것 같아."

케이스 6: 시키는 건 하나도 안 하고 딴짓만 해요

"방 치우라고 하면 한 시간 내내 딴짓만 하고 있어요. 결국 제가 다 하거나, 애한테 소리를 지르게 돼요."

ADHD가 있는 아이는 주의가 쉽게 흐트러지고, 동기 유발이 어려운 데다가 조직화 능력과 작업 기억도 약해 지시를 따르는 것이 어렵습니다. 특히, 시작하는 것이 힘드니 첫 단계를 함께 해주면 도움이 됩니다. 여러 단계를 한 번에 말하기보다 짧고 구체적인 지시로 나누면 훨씬 수월합니다.

앞에서도 보았듯이 정리정돈의 기준에는 개인차가 있습니다. 어

느 정도 루틴을 잡아주는 것은 중요하지만, 꼭 부모 기준에 다 맞추어야 하는지는 점검해보세요.

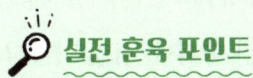# 실전 훈육 포인트

- **김밥 요법:** 한 단계씩 명확하게 지시
  예) "방 치워"가 아닌, "먼저 책을 책장에 꽂아보자." 마친 뒤, "그다음에는 장난감을 상자에 넣어보자."
- **시작을 함께하기:** "우리 같이 책을 책장에 꽂는 것부터 해볼까?"라며 첫 단계를 함께 시작
- **시작을 칭찬:** "자기 그릇을 싱크대에 넣은 거 너무 잘했네! 이제 상만 닦으면 끝이야"처럼 시작한 것만으로도 칭찬
- **선택권 제공, 패럿팅:** 허용 가능한 선택지 제공 후 반복 제시
  예) "장난감부터 정리할래, 옷부터 정리할래?", "숙제를 책상에서 할래, 식탁에서 할래?"
- **타이머 활용:** "5분 만에 책을 정리해볼까?"처럼 자신의 기록을 깨는 '도전'의 요소 주입
- **시각적인 단서:** 그림으로 된 방 정리 순서, 각 물건의 자리에 라벨, 체크리스트 등 이용

케이스 7: 학교 숙제를 매번 잊어버려요

"숙제를 하다가 중간에 다른 것에 빠져 끝내지 못할 때가 많아요. 아예 숙제 자체를 잊어버리도 하고, 숙제 하기 싫다고 버티기도 해요."

　　숙제를 하는 것은 동기, 주의력, 계획 및 조직화, 작업 기억, 시간 관리, 만족 지연 능력 등 여러 뇌 기능이 총체적으로 요구되는 과정입니다. ADHD가 있는 아이는 숙제를 빠짐없이 다 하고, 책가방에 넣어, 그다음 날 잊지 않고 제출하는 것이 쉽지 않아 아예 회피하는 경우도 흔합니다. 나영이도 숙제를 빠뜨리거나 가방에 넣지 않아 제출하지 못하는 일이 많았습니다. 선생님이 "나영이는 숙제를 늘 안 가져오니, 학교에서 하고 가라"라고 할 정도였죠.

　　아이가 숙제를 계획하고 시작하는 것을 도와주면서, 점점 스스로 할 수 있도록 훈련해보세요.

🔍 실전 훈육 포인트

- **숙제 환경 조성:** 방해 요소가 적은 조용한 공간, 장난감·전자기기는 두지 않기
- **숙제 계획 시각화:** 숙제 목록을 먼저 쓰고, 하나가 끝날 때마다 스스로 체크

- **김밥 요법:** "국어 2쪽만 해볼까?", "수학 5문제만 풀자"처럼 작게 나누어 지시. 마칠 때마다 칭찬, 스티커 제공 또는 짧은 휴식
- **시작을 함께하기:** "첫 문제만 같이 읽어볼까?"처럼 첫 단계를 함께 시작
- **긍정적 피드백 · 보상:** 노력과 작은 성취를 구체적으로 칭찬하고 보상
- **제출 습관 만들기:** "숙제 다 했으면 가방에 쏙 넣자" 같은 루틴 실천

케이스 8: 한 가지에만 계속 집착해요

"좋아하는 장난감이나 게임에 빠지면 시간이 지나가는 줄 몰라요. 다른 것은 아무것도 안 하려고 해요."

ADHD가 있는 아이는 즉각적인 보상이 주어지는 활동에 과도하게 집중하고, 주의를 전환하기 어려워합니다. 그래서 이런 과몰입 활동 뒤에는 가능한 한 다른 흥미로운 활동으로 이어지도록 일정을 짜보세요. 일정을 시각화하고 미리 알려주어 예측 가능하도록 도와주세요.

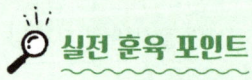

실전 훈육 포인트

- **규칙·계획 함께 세우기:** 활동 전에 언제 마칠 것인지 같은 규칙과 계획을 함께 결정. 루틴표, 비주얼 타이머 이용. "지금 재밌지? 하지만 계획대로 이제 마칠 시간이야"처럼 전환 상기
- **흥미 있는 대안 제시:** "게임 끝나면 쿠키 만들까?" "레고 치우고 공룡 그림책 보자."
- **전환 예고:** "5분 후에 게임 멈출 거야"처럼 예고. 비주얼 타이머 활용
- **자기조절 훈련:** 스스로 타이머 설정, 성공하면 "규칙대로 그만해서 기특하네!"처럼 구체적으로 칭찬

본질육아 플러스

훈육의 기본 원칙

앞의 상황별 훈육 방법에 공통되는 전략들을 간략히 정리해보겠습니다. 실생활에서 다양한 상황이 발생했을 때, 다음 기본 전략들을 적절히 적용해보세요.

- **일관된 루틴:** 숙제 시간, 장소, 절차를 일정하게 유지
- **시간 관리 도구:** 타이머, 시각적 일정표로 시간 개념 구체화
- **시각적 리마인더:** 체크리스트, 화이트보드 등으로 상기
- **환경 구조화:** 주의 분산 요소를 제거하고 집중할 수 있는 환경 구성
- **각방 요법:** 중요 물건을 적합한 자리에 '방'을 만들어 정리
- **김밥 요법:** 작은 과제나 짧은 시간으로 분할하여 잦은 성취감과 자신감 경험
- **OT 요법:** 반복되고 예상되는 어려움에는, 미리 규칙과 결과를 정하고 숙지
- **감정은 인정, 행동은 교정:** 공감 → 규칙 → 대안. 규칙과 결과 일관되게 적용
- **'복종'이 아닌 '규칙 준수':** "엄마(아빠) 말 들어!"가 아닌 "규칙을 따르자."
- **선택권 제공:** 허용되는 선택지를 주어 자율성 키우기. 패럿팅 활용
- **과정과 작은 성취 칭찬:** 결과가 아니라 노력을 구체적으로 칭찬

PART 5

부모도
돌봄이 필요하다

산만한 아이를 키운다는 것

자책 대신 자기자비(Self-compassion)가 필요하다

ADHD가 있는 자녀를 키우는 것은 일반적인 육아와는 다른 차원의 도전입니다. 흔히 다른 아이 10명 키우는 에너지가 든다고도 하죠. "왜 우리 아이만 이럴까?", "왜 나는 다른 엄마(아빠)처럼 아이를 잘 훈육하지 못할까?"라고 자책하는 대신, "우리는 특별한 여정을 걷고 있구나"라고 수긍해보세요. 그래야 지치지 않고 먼 길을 갈 힘이 생깁니다. 이 상황을 잘 모르는 사람이 뭐라고 하건, 여러분은 매일 고군분투하며 최선을 다하고 있는 충분히 좋은 부모(Good enough parent)라는 걸 기억하세요.

자신의 부족함에 대한 자책과 죄책감이 생길 때 특히 필요한 것이 바로 자기자비입니다. 여러분의 가장 친한 친구가 힘든 시간을 보내고 있다면 어떻게 할 것 같나요? 안타까워하며 위로하고, 더 다정하게 대하겠죠. 자신에게도 이 같은 따뜻한 이해와 격려를 건네는 태도가 바로 자기자비입니다.

혹시 오늘 아이에게 소리를 질렀다면 이렇게 말해주세요.

"정말 힘든 하루였구나. 내일은 다르게 해보자."

"나는 지금 최선을 다하고 있어."

" 누구나 힘든 순간이 있는 법이지."

"완벽한 부모는 없어."

이런 자기자비를 실천하면 과도한 스트레스와 번아웃은 줄고, 회복탄력성은 커집니다. 부모가 자신의 불완전함을 받아들일 수 있을 때, 비로소 아이에게도 더 너그러워져 아이가 잘하지 못할 때도 조건 없는 사랑을 줄 수 있습니다. 부모가 본보기가 되어 "나는 있는 그대로 충분히 괜찮은 엄마(아빠)야"라고 말해주세요. 그래야 아이도 자연스럽게 '나는 내 모습 그대로 충분히 괜찮은 아이야'라고 믿게 될 거니까요.

부모가 살아야 아이도 산다

부모는 슈퍼맨이나 슈퍼우먼이 아닙니다. 할 수 있는 것과 없는 것, 견딜 수 있는 것과 없는 것의 경계를 아는 것이 건강한 육아의 시작입니다. 비행기에서 위험 상황이 생기면 부모가 먼저 산소마스크를 써야 하는 이유를 기억하세요. 아이부터 챙기다가 부모가 쓰러지면, 결국 부모와 아이 모두 위험해질 수 있습니다. 부모가 숨을 돌릴 틈이 있어야 아이의 마음도 돌볼 수 있습니다.

"오늘은 여기까지만 할 수 있어", "지금은 혼자 있을 시간이 필요해"라는 말은 거절이나 포기가 아니라 지혜입니다. 완벽한 부모가 되려다가는 번아웃이 오고, 아이의 자립도 방해할 수 있습니다. 부모도 쉼이 필요하다는 사실을 아이에게 알려주고, 지속 가능한 속도를 유지하세요.

"엄마(아빠)가 지금 조금 지쳐서 30분만 쉬어야겠어. 그다음에 힘내서 너 도와줄게."

아이가 처음엔 실망할 수 있지만, 차츰 부모도 쉼이 필요하다는 것을 이해하게 됩니다. 이렇게 한계를 인정하는 것은 부모를 지키는 동시에 아이에게 건강한 경계를 가르치는 본보기가 됩니다.

부모의 자기돌봄은 사치가 아니라 필수입니다. 거창할 필요도 없습니다. 아침에 마시는 따뜻한 커피 한 잔, 10분 산책 같은 작은 쉼이 소진된 에너지를 채워줍니다. "시간이 없어서"라는 말 대신 '나를 위한 시간은 가족을 위한 투자'라고 생각해보세요.

다음 예시를 참고해 나만의 자기돌봄 루틴을 만들어보세요. 모든 것을 할 필요는 없습니다. 오늘 할 수 있는 한두 가지부터 시작해보고, 진정한 휴식과 에너지를 주는 활동을 찾아가면 됩니다. 짧더라도 매일 꾸준히 자신을 돌보는 습관이 중요합니다.『나를 위한 용기』에도 자기돌봄 방법이 자세히 나와 있으니 참고해도 좋습니다.

부모를 위한 자기돌봄 실천법

정서적	• 따뜻한 차 한잔을 마시며 잠시 휴식하기 • 좋아하는 음악 들으며 마음 비우기 • 오늘 감사했던 일 세 가지 떠올리기 • 자기 자신에게 "수고했어", "이 정도면 잘하고 있는 거야"라고 말해주기 • 5분 동안 모든 것을 멈추고 창밖을 보고 멍 때리기 • 읽고 싶었던 책 2쪽 읽기
신체적	• 5분간 스트레칭 또는 가벼운 맨손 운동하기 • 심호흡 5회 하기 • 창문 열고 신선한 공기 마시기 • 5분 동안 눈을 감고 눈의 피로 풀어주기 • 물 한잔 천천히 마시기 • 동네 산책하기
관계적	• 친구에게 전화, 또는 문자 하기 • 카페에서 이웃들과 티타임 가지기 • 종교 모임, 동아리 모임 참여하기 • 온라인 부모 모임 댓글 등 참여하기 • 온라인 자기돌봄 챌린지 참여하기(지사랑챌린지 추천)

"우리 아이만 이런가요?"라는 질문에 "우리 아이도 그래요"라는 답을 들을 때의 안도감을 아시나요? 이 책을 읽고 계신 모든 부모님을 오픈 단체 톡방 '지나영의 본질육아 커뮤니티'와 본질육아 열린대화방(ji-mind.com)에 초대합니다. ADHD가 있는 자녀를 키우는 부모

들이 특별한 여정을 나누고 지지하는 공간이 될 거예요. 힘든 날엔 그저 누군가 들어주는 것만으로도 큰 위로가 되니까요.

존재하지 않는 완벽한 부모를 꿈꾸며 자신을 몰아세우지 마세요. 자기자비를 실천하고, 필요할 땐 쉬어주는 자기돌봄으로 마음의 여유를 찾아보세요. 부모의 안정감과 평온함이 곧 아이의 심리적 안전기지가 된답니다.

잊지 마세요. 여러분은 이미 충분히 잘하고 있는 특별한 부모입니다!

본질육아의 대물림

제가 ADHD 일화를 유머러스하게 이야기할 때가 있습니다. 그러면 어떤 분들은 불편해하기도 합니다. ADHD의 어려움을 너무 가볍게 여기는 게 아니냐는 우려죠. 물론 저 역시 힘든 순간이 훨씬 많습니다. 하지만 이미 있는 ADHD를 원망한다고 그 힘듦이 줄어들진 않습니다. 그렇다면 차라리 웃으며 받아들이고 싶습니다. 저의 이런 태도는 부모님께 물려받은 것입니다.

어릴 적 저는 등굣길에 신발주머니나 도시락 가방을 빼먹어 다시 집에 오는 일이 잦았습니다. 그러면 부모님은 "우리 나영이가 두세 번은 와야 정상이지. 갔다 또 온나~" 하며 웃으셨죠. 배우 정은표 씨 부부도 아이가 돌아오면 "우리 아들 한 번 더 보니까 너무 좋네!"라고 말한다더군요.

심리학에서 '유머'는 '승화', '이타주의'와 함께 성숙한 방어기제 중 하나입니다. 삶의 어려움을 유머로 풀어내는 것은 고차원적인 적응력이기도 한 거죠. 언젠가 ADHD가 있는 주인공이 나오는 유쾌한 로맨틱 코미디가 나왔으면 좋겠습니다. 물론 제가 기꺼이 자문해드리겠습니다. 여러분도 힘든 순간을 유머러스하게 바라볼 수 있을지 한번 상상해보세요. 슬며시 미소가 번지고 마음이 한결 가벼워질지도 모릅니다.

물론 현실에서는 아이의 반복되는 실수와 행동 때문에 답답함을 넘어 분노가 치밀 때가 있습니다. "다른 애들은 다 하는데 이걸 왜 못해?", "도대체 뭐가 되려고 이래?"라는 말이 목 끝까지 차오르기도 하죠. 그런데 저희 어머니는 한번도 그런 여정을 내지 않으셨습니다.

"엄마는 어떻게 나를 그렇게 잘 이해해줄 수 있었어?"

어느날 제가 어머니께 물었습니다. 지금처럼 육아서가 넘쳐나는 시대도 아니었으니까요. 어머니의 대답에는 한 치의 망설임도 없었습니다.

"우리 엄마가 그랬거든."

조건 없는 사랑과 이해는 이렇게 세대를 넘어 흘러왔습니다. 건물을 대물림하는 것과는 비교할 수 없는 위대한 유산이 된 거죠. 다그치지 않고 기다려주던 마음, 존중해주던 눈빛, 이해해주던 말투. 그 하나하나가 아이 마음에 깊이 새겨져, 시간이 지나 또 다른 누군가에게 전해집니다.

"저는 그런 사랑을 받아본 적이 없는데요?" 하는 부모도 많습니다. 괜찮습니다. 여러분이 그 대물림의 첫 세대가 되면 됩니다. 본질육아의 1세대 부모로서 사랑의 계보를 시작하면 돼요. 돈이 많이 드는 것도, 높은 학위가 필요한 것도 아닙니다. 저희 부모님은 고등학교도 졸업하지 못했고, 형편도 넉넉지 않았습니다. 마음먹고 연습하면 누구나 따뜻한 사랑과 이해의 역사를 새로 써갈 수 있습니다.

제가 어머니를, 어머니가 외할머니를 기억하듯, 여러분도 자자손손 기억될 '본질육아의 시조'가 될 수 있습니다. 그 얼마나 기대되고 가슴 벅찬 일인가요!

바로 그 시작점에 서 있는 독자 여러분, 진심으로 응원하며 격려의 박수를 보냅니다.

모든 아이가 빛날 수 있도록

제가 16년 동안 몸담은 존스홉킨스 소아정신과에 세계적인 발달장애, 특히 지적장애 권위자가 있었습니다. 몇 년 전 작고한, 존경하는 제임스 해리스(James C. Harris) 교수입니다. 해리스 교수는 생전에 저희 소아정신과 의사들에게 이런 말을 해주었습니다.

"머지않아 의학과 기술이 발전하면, 지금은 장애로 여겨지는 부분들을 다 보완할 수 있는 날이 올 거야. 그때가 되면 지적장애, 자폐스펙트럼장애, ADHD 같은 발달장애도 더 이상 장애가 아니게 될 걸세."

저에게는 마치 오래된 자물쇠의 열쇠를 찾은 것 같은 희망과 감동을 주는 말이었습니다. 장애란 '어떤 일이 제대로 이루어지는 것을 가로막거나 방해하는 것'을 말합니다. 그러니 더 이상 가로막거나 방해가 되지 않는다면, 그것은 더 이상 장애가 아닌 거죠. 청각 장애인이 인공 와우(달팽이관) 이식을 받고 소리를 듣게 되는 것을 보셨나요? 두 다리 무릎 아래가 절단된 사람이 블레이드형 의족을 착용하고 올림픽에서 선전하기도 합니다.

신체장애는 보완이 될 수 있는데, 발달장애는 기술로 극복하기 어려울 것 같다고요? 지적장애가 있는 사람에게 AI 기반 스마트 안경이 실시간으로 가이드를 해준다면 어떨까요? 버스 정류장까지 길을 안내하고, "이 버스 지금 탑승하세요", "다음 정거장에서 내리세요"라고 말이죠. 주의력이 부족한 사람에게는 웨어러블 기기가 도움이 될 수 있습니다. 각성도나 움직임을 감지해 집중이 떨어지면 진동이나 소리로 알려주고 잠시 휴식을 권하는 것처럼요. 이렇게 발달장애가 있는 사람들도 기술의 도움으로 기능과 독립성을 회복할 수 있습니다.

이것은 더 이상 판타지가 아니라 이미 우리 눈앞에 펼쳐지고 있는 현실입니다. 머지않아, 해리스 교수의 예견처럼 발달장애가 장애로 여겨지지 않는 세상이 올 것입니다. 그때는 모든 아이가 자신만의 별빛을 마음껏 뿌리며 세상을 환히 밝히게 되겠죠.

그날까지 우리가 해야 할 일은 분명합니다. 각각 다양하고 고유한 모습으로 이 땅에 태어난 모든 아이를 따뜻한 이해와 존중으로 품어주는 것입니다. 우리 어른들도 있는 그대로 받아들여지기를 바라듯, 아이들도 그 유일한 모습대로 온전히 수용해주는 것입니다.

지금 여기 한 사람 한 사람의 작은 노력이 모여, 서로 따뜻하게 품어주는 사회로 향하는 거대한 물결이 되리라 믿습니다.

다 함께 일어나 우리 아이들에게
새로운, 건강한, 행복한 미래를 물려줍시다.

내면도 건강한 사회가 되기까지!
#라이즈투게더

* 이 책의 인세 중 일부는 보육원과 보호종료 아동을 돕는 사단법인 야나에 기부됩니다.

KI신서 13815
산만한 아이를 위한 본질육아

1판 1쇄 발행 2025년 10월 22일
1판 3쇄 발행 2025년 11월 19일

지은이 지나영
펴낸이 김영곤
펴낸곳 (주)북이십일 21세기북스
인생명강팀장 윤서진　**인생명강팀** 박강민 유현기 황보주향 심세미 이현지
디자인 김희림
마케팅 이수진 유진선
본문 일러스트 여담디자인
영업팀 정지은 한충희 장철용 남정한 강경남 황성진 김도연 이민재
제작팀 이영민 권경민

출판등록 2000년 5월 6일 제406-2003-061호
주소 (10881) 경기도 파주시 회동길 201(문발동)
대표전화 031-955-2100 **팩스** 031-955-2151 **이메일** book21@book21.co.kr

ⓒ 지나영, 2025
ISBN 979-11-7357-525-9 13590

(주)북이십일 경계를 허무는 콘텐츠 리더

21세기북스 채널에서 도서 정보와 다양한 영상자료, 이벤트를 만나세요!
페이스북 facebook.com/jiinpill21　**포스트** post.naver.com/21c_editors
인스타그램 instagram.com/jiinpill21　**홈페이지** www.book21.com
유튜브 youtube.com/book21pub

- 책값은 뒤표지에 있습니다.
- 이 책 내용의 일부 또는 전부를 재사용하려면 반드시 ㈜북이십일의 동의를 얻어야 합니다.
- 잘못 만들어진 책은 구입하신 서점에서 교환해드립니다.